贵州省生态航道建设指标体系研究

王 齐 邢 岩 黄龙江 吕 彪 ◎著

人民交通出版社
北 京

内 容 提 要

本书从生态航道建设的指标体系研究出发,归纳了贵州省在建设生态航道层面的研究成果,全书共分为6章。第1章阐述了生态航道的建设背景;第2章介绍了国内外有关河流健康评价与生态航道评价方面的研究进展;第3章总结了贵州省通航河流状况及其面临的生态保护形势;第4章阐述了航道开发建设所产生的生态效应;第5章构建了贵州省生态航道建设的指标体系;第6章分析了指标体系各项指标的特征,并指出各项指标的获取方法。

本书可供相关专业的大专院校师生、科学研究及工程技术人员、行业管理人员参考使用。

图书在版编目(CIP)数据

贵州省生态航道建设指标体系研究 / 王齐等著.
北京:人民交通出版社股份有限公司,2024.10.
ISBN 978-7-114-19738-3

Ⅰ．U697.31

中国国家版本馆CIP数据核字第2024DE4333号

Guizhou Sheng Shengtai Hangdao Jianshe Zhibiao Tixi Yanjiu

书　　名：	贵州省生态航道建设指标体系研究
著 作 者：	王　齐　邢　岩　黄龙江　吕　彪
责任编辑：	牛家鸣
责任校对：	赵媛媛　刘　璇
责任印制：	刘高彤
出版发行：	人民交通出版社
地　　址：	(100011)北京市朝阳区安定门外外馆斜街3号
网　　址：	http://www.ccpcl.com.cn
销售电话：	(010)85285857
总 经 销：	人民交通出版社发行部
经　　销：	各地新华书店
印　　刷：	北京建宏印刷有限公司
开　　本：	787×1092　1/16
印　　张：	5.75
字　　数：	108千
版　　次：	2024年10月　第1版
印　　次：	2024年10月　第1次印刷
书　　号：	ISBN 978-7-114-19738-3
定　　价：	50.00元

(有印刷、装订质量问题的图书,由本社负责调换)

前言
PREFACE

当前生态航道建设在国内水运行业方兴未艾，虽然各地结合自身实际已广泛开展生态航道建设的探索，但对生态航道建设目标、建设内容与方法、建成后评估等方面的理解与认识尚未达成一致。贵州地处我国西南云贵高原，是长江和珠江两大水系上游分水岭地带。贵州省的水系以中部苗岭为分水岭，北属长江水系，流域面积占全省土地面积的65.7%，有乌江、赤水河、清水江等河流；南属珠江水系，流域面积占全省土地面积的34.3%，有南盘江、北盘江、红水河、都柳江等河流。贵州省是两江上游重要的生态屏障区，生态区位十分重要，但由于特殊的喀斯特地质地貌，贵州生态环境又十分脆弱。截至2020年底，贵州全省航道通航里程达到3957公里，其中，四级航道里程突破988公里，五级航道里程548公里，较2015年分别增加298公里、110公里。贵州省坚持"生态文明建设先行区"的战略定位，守住发展和生态两条底线，努力实现经济发展与资源环境相协调。贵州水运围绕新发展理念，积极融入"一带一路"、长江经济带、珠江—西江经济带，以打通水运主通道为重点，加快建设绿色水运。

鉴于此，针对当前贵州省航道工程建设生态保护所面临的外部生态约束不清、工程生态效应不明、工程生态建设内容不够明确、建设要点亟待提炼和分析辨识等问题，本书依托贵州省科技重大专项"峡谷河流超高水头梯级水运通道开发关键技术研究及应用"和贵州省交通运输厅科技项目"贵州省生态航道建设指标体系研究"的研究成果编写而成。本书理论与实践并重，通过归纳国内外有关河流健康和生态航道相关评价指标研究进展，梳理贵州省通航河流开发状况及其面临的生态保护形势，阐述了航道工程各类型工程和措施的正负生态效应，构建了贵州省生态航道建设阶段的指标体系，并逐一分析各指标的特征及其获取方法，获得一些有意义的结论，对推动贵州省航道工程生态环境保护具有一定价值。

在本书出版过程中，交通运输部天津水运工程科学研究院、贵州省港航集团有限公司的领导和同事给予很大的支持和帮助，在此作者向他们以及协助本书出版的同仁表示衷心感谢！

生态航道研究是近年来发展起来的一门涉及水运、水利、环境、生态与生物研究的交叉学科，其影响机制与作用机理需要做进一步的分析和研究。加之作者水平有限，书中错误和不足之处在所难免，恳请读者批评指正。

作　者
2023年12月

目 录
CONTENTS

1 绪论···1
  1.1 生态航道建设背景···1
  1.2 本书解决的主要问题···4
  1.3 本书主要内容··5

2 国内外河流与生态航道评价研究进展··6
  2.1 河流健康评价指标体系··6
  2.2 生态航道评价指标体系··11

3 贵州省通航河流状况及其面临的生态保护形势···18
  3.1 贵州省河流及航道概况··18
  3.2 长江水系通航河流···20
  3.3 珠江水系通航河流···24
  3.4 贵州省主体功能区规划··27

4 航道开发建设的生态效应··48
  4.1 渠化工程···49
  4.2 整治工程···54
  4.3 疏浚吹填工程···61
  4.4 航道清礁工程···61

5 贵州生态航道建设指标体系···63
  5.1 构建原则···63
  5.2 构建方法···64
  5.3 指标体系···66

6 生态航道指标特征分析与指标获取方法···69
  6.1 指标特征分析···69
  6.2 关键指标获取方法···73

参考文献··81

索引···85

1 绪 论

1.1 生态航道建设背景

1.1.1 国家生态文明建设

党的十八大以来，以习近平同志为核心的党中央把生态文明建设作为统筹推进"五位一体"总体布局和协调推进"四个全面"战略布局的重要内容，开展一系列根本性、开创性、长远性工作，提出一系列新理念新思想新战略，生态文明理念日益深入人心，污染治理力度之大、制度出台频度之密、监管执法尺度之严、环境质量改善速度之快前所未有，推动生态环境保护发生历史性、转折性、全局性变化。党的十九大报告做出加快生态文明体制改革、推进绿色发展、建设美丽中国的战略部署，为建设美丽中国提供了根本遵循和行动指南，更是首次把美丽中国作为建设社会主义现代化强国的重要目标。

2011年1月，国务院常务会议研究部署推进长江等内河水运发展，首次将"畅通、高效、平安、绿色"的现代化内河水运体系建设上升为国家战略。

2014年9月，国务院发布《关于依托黄金水道推动长江经济带发展的指导意见》，明确把长江黄金水道建设作为推动长江经济带国家战略发展的重要依托，建设绿色生态廊道。

2016年1月，习近平总书记在重庆召开的推动长江经济带发展座谈会上提出："推动长江经济带发展必须从中华民族长远利益考虑，走生态优先、绿色发展之路，使绿水青山产生巨大生态效益、经济效益、社会效益，使母亲河永葆生机活力。""长江拥有独特的生态系统，是我国重要的生态宝库。当前和今后相当长一个时期，要把修复长江生态环境摆在压倒性位置，共抓大保护，不搞大开发。"❶

2016年9月，正式印发的《长江经济带发展规划纲要》也同时要求，推动长江经济带发展，以生态环境保护为重点，走出一条生态优先、绿色发展之路。

---

❶ 《习近平：走生态优先绿色发展之路 让中华民族母亲河永葆生机活力》，《人民日报》2016年1月8日。

2018年4月，习近平总书记在武汉主持召开深入推动长江经济带发展座谈会并发表重要讲话。在第二个问题"推动长江经济带发展需要正确把握的几个关系"中提出："第一，正确把握整体推进和重点突破的关系，全面做好长江生态环境保护修复工作。""第二，正确把握生态环境保护和经济发展的关系，探索协同推进生态优先和绿色发展新路子。""第三，正确把握总体谋划和久久为功的关系，坚定不移将一张蓝图干到底。""第四，正确把握破除旧动能和培育新动能的关系，推动长江经济带建设现代化经济体系。""第五，正确把握自身发展和协同发展的关系，努力将长江经济带打造成为有机融合的高效经济体。"❶

2019年9月，中共中央、国务院印发的《交通强国建设纲要》提出要强化交通生态环境保护修复。严守生态保护红线，严格落实生态保护和水土保持措施，严格实施生态修复、地质环境治理恢复与土地复垦，将生态环保理念贯穿交通基础设施规划、建设、运营和养护全过程。推进生态选线选址，强化生态环保设计，避让耕地、林地、湿地等具有重要生态功能的国土空间，建设绿色交通廊道。

2021年2月，中共中央、国务院印发的《国家综合立体交通网规划纲要》提出推进绿色低碳发展。促进交通基础设施与生态空间协调，最大限度保护重要生态功能区、避让生态环境敏感区，加强永久基本农田保护。实施交通生态修复提升工程，构建生态化交通网络。同时提出2035年交通基础设施绿色化建设比例达95%的绿色集约建设目标。

国家从战略层面已经为内河水运发展指明了方向，内河水运建设应以生态环境保护为重点，走生态优先、绿色发展之路，积极落实"绿色发展"理念，做好绿色生态保护与修复。

1.1.2　行业绿色航道建设

"十三五"时期是我国交通运输业转型升级、提质增效的关键时期。交通运输发展要按照全面建成小康社会和加快推进生态文明建设的总体要求，把绿色发展和生态保护理念贯穿交通基础设施规划、建设、运营和养护的全过程，实现经济、社会和生态综合效益最大化。

2016年5月，交通运输部印发的《水运"十三五"发展规划》中要求"十三五"期间要健全交通运输标准规范，加强工程建设、养护管理、运输装备、节能环保、安全应急、信息化等领域标准建设。按照发展绿色养护和航道生态保护要求，研究制定生态航道发展框架和评价指标体系。

2016年6月，交通运输部印发了《交通运输节能环保"十三五"发展规划》，其中一项主要任务是服务国家发展重大战略。要求推进长江经济带绿色综合立体交通走廊建设。推进长江干线生态航道建设，将生态与环保理念融入长江干线航道设计、施工、养护等全过程，推进长江航道生态修复工作。

---

❶《习近平在深入推动长江经济带发展座谈会上的讲话》，《人民日报》2018年6月14日。

2017年11月,《交通运输部关于全面深入推进绿色交通发展的意见》(交政研发〔2017〕186号)要求推进绿色基础设施创建。把生态保护理念贯穿到交通基础设施规划、设计、建设、运营和养护全过程,强力开展绿色铁路、绿色公路、绿色航道、绿色港口、绿色机场等创建活动。在铁路、公路沿线开展路域环境综合整治。积极推行生态环保设计,倡导生态选线选址,严守生态保护红线。完善生态保护工程措施,合理选用降低生态影响的工程结构、建筑材料和施工工艺,尽量少填少挖,追求取弃平衡。落实生态补偿机制,降低交通建设造成的生态影响。要求完善绿色交通标准体系。逐步构建基础设施、运输装备、运输组织等方面的绿色交通标准体系,配套制定绿色交通相关建设和评价标准,完善交通运输行业重点用能设备能效标准和能耗统计标准。积极参与绿色交通国际标准制定,提升国际影响力。

2020年6月,《交通运输部关于印发〈内河航运发展纲要〉的通知》(交规划发〔2020〕54号)要求强化内河航运生态保护修复。严守生态保护红线,将资源节约和保护环境的理念贯穿于内河水运规划、设计、施工、养护和运营全过程,推进绿色航道、绿色港口建设。推进早期建成的航运设施的生态修复工程,强化对重要生态功能区的生态保护与修复。

2021年10月,《交通运输部关于印发〈绿色交通"十四五"发展规划〉的通知》(交规划发〔2021〕104号)要求深入推进绿色航道建设。加大绿色航道建设新技术、新材料、新工艺和新结构引进和研发力度,积极推动航道治理与生境修复营造相结合,加快推广航道工程绿色建养技术,优先采用生态影响较小的航道整治技术与施工工艺,推广生态友好型新材料、新结构在航道工程中的应用,加强水生生态保护,及时开展航道生态修复和生态补偿。健全绿色交通标准规范体系。在生态保护方面,制修订公路、港口及航道等设施的生态保护标准。

总体来看,交通行业层面要求将绿色发展和生态保护理念融入基础设施建设全过程,推进生态航道建设,并制定生态航道评价指标体系,健全监测、评价制度体系。

1.1.3 贵州绿色生态水运

贵州地处中国西南内陆腹地,北接四川和重庆,东毗湖南,南邻广西,西连云南,是西南地区综合交通枢纽,是首个国家级大数据综合试验区、国家生态文明试验区、内陆开放型经济试验区、世界知名山地旅游目的地和山地旅游大省。境内河流分属长江和珠江水系,流域面积在1万平方公里以上的河流有7条,是长江、珠江上游地区的重要生态屏障。党的十八大以来,贵州成为继福建之后第二个以省为单位的全国生态文明先行示范区,通过先行示范区建设,优化国土空间格局,加大生态建设和环境保护力度,划定并严守生态红线,筑牢长江、珠江上游生态安全屏障。

截至2020年底,贵州全省航道统计里程3957公里,其中四级航道988公里,五级航道

548公里，较2015年分别增加298公里、110公里，航道等级获得大幅提升。航道里程位居全国14个内河非水网省（市）第一。"十二五"期，赤水河狗狮子至合江段被交通运输部授予"全国文明样板航道"称号，成为西部地区第一条、"十二五"期交通运输部第一条国家级文明样板航道。"十三五"末，以水电枢纽通航设施建设为抓手，打通乌江、南盘江北盘江红水河两条出省水运主通道，赤水河、清水江、都柳江三条出省水运辅助通道建设取得突破性进展。自2012年起，贵州省先后编制了《贵州水运发展规划（2012—2030）》，并出台了《贵州水运发展意见》等一系列文件，提出了"以航为主、航电结合、综合利用、循环发展"的理念，把水运上升到省级层面的战略进行部署，与国家战略相互衔接。自2013年起实施水运建设"三年会战"，掀起了水运发展的高潮，筑起了"北入长江、南下珠江"的贵州"水运梦"。在水运建设"三年会战"期间，始终注意坚持绿色的生态环保理念。如今，绿色已成为贵州水运建设的底色和发展动力。

"十三五"期，在国家有关部委的大力支持和省委、省政府的高度重视、坚强领导下，贵州水运紧紧围绕"大扶贫、大数据、大生态"三大战略，主动融入长江经济带、珠江—西江经济带、粤港澳大湾区、成渝城市群，紧紧抓住水路运输发展的黄金时期，在投资规模、航道等级、航电一体化、闸坝通航等方面获得新的突破，建成了一批标志性工程，开创了贵州水运建设的多项第一，实现了"十三五"规划的主要目标。

2022年1月发布的《贵州省"十四五"水运交通发展规划》提出构建绿色生态水运，加强流域生态环境保护和修复，实施生态航道养护改善河流生态环境质量的建设任务。

2022年9月，贵州省人民政府印发的《贵州省水运体系发展行动方案》（黔府办函〔2022〕90号）提出利用10年左右时间，建成畅通、安全、绿色、高效、经济的现代化内河水运体系，水运优势和潜力得到充分发挥，对积极社会发展的带动和促进作用显著增强。统筹推进赤水河绿色航运发展，在实施赤水河流域生态环境保护航道整治突出问题整改工程的基础上，采取内河航道绿色建设技术加强航道养护，科学推动航运发展。

贵州省坚持生态建省战略，率先开展生态文明建设先行示范，守住发展和生态两条底线，努力实现经济发展与资源环境相协调。贵州水运围绕新发展理念，积极融入"一带一路"、长江经济带、珠江—西江经济带和粤港澳大湾区，以打通水运主通道为重点，加快建设绿色水运交通。

1.2 本书解决的主要问题

本书立足贵州省内河生态航道建设现状和发展需求，通过分析贵州省通航河流状况及其面临的生态保护形势，解决以下3方面问题：

（1）阐明贵州省航道开发建设的生态效应

当前国内水运行业生态航道建设方兴未艾，虽然各地结合自身实际已自行开展生态航道建设的有益探索，但对生态航道建设目标、建设内容与方法、建成后评估等方面的理解与认识还尚未达成一致。而贵州省地处我国西南腹地，水运历史悠久，资源丰富，生态基础良好，开展生态航道建设是贵州省水运大发展所面临的重大机遇与挑战。借助前期对贵州省航道建设、运行管理和维护情况的调研与分析，充分了解掌握水运发展面貌，分析目前贵州省航道开发建设总体规划和方式方法，探讨其对环境生态的扰动，辨识影响种类，量化影响程度是本书拟解决的关键问题之一。

（2）构建涵盖生态航道建设全寿命周期的指标体系

生态航道建设概念的提出，强调将生态学的理论与方法融入航道规划设计、施工、运营、维护和管理全过程，实现航道开发全寿命周期的生态化。采用指标评价方法对生态航道建设过程进行量化管理是最有效也最直接的手段，其不仅能够有助于在规划设计阶段制定定量化的目标体系，而且能为施工运营过程中进行有效监管提供技术支持，并能随时为诊断航道生态系统的健康状况提供依据。提出一套涵盖生态航道建设全寿命周期的指标体系是本书拟解决的关键问题之二。

（3）明确生态航道指标特征及分析方法

生态航道建设各项指标均应具有明确的物理含义，可对其进行量化赋值，以方便利用指标体系对生态航道建设情况进行科学客观的评估。各指标特征应明确其生态幅值范围，考虑具有一定的生态弹性，可从技术可行性、生态适宜性及景观协调性等方面对指标赋值方法进行探讨。因此，明确所提出的指标体系各指标特征，并确定其赋值方法是本书拟解决的关键问题之三。

1.3 本书主要内容

本书主要内容如下：

①归纳国内外有关河流健康和生态航道相关评价指标研究进展；

②梳理贵州省通航河流开发状况及其面临的生态保护形势；

③阐述航道工程各类型工程和措施的正负生态效应；

④构建贵州省生态航道建设阶段的指标体系；

⑤逐一分析指标体系各项指标的特征及其获取方法。

2 国内外河流与生态航道评价研究进展

2.1 河流健康评价指标体系

2.1.1 国外研究现状

河流健康的评价最早开始于对河流水质的评价。19世纪末期，西方国家在工业化进程中曾出现过严重的水污染问题。随着第二次世界大战后西方国家工业急剧发展和城市规模不断扩大，工业和生活污水的大量排放造成河流严重污染，20世纪50年代起，西方国家开始了以水污染控制为重点的水质恢复。至20世纪80年代初期，水污染问题得以缓解，河流保护和管理的重点开始由单纯的水质保护转移到河流生态系统的恢复，包括水环境和水生态修复。单纯的水质评价已经不能满足河流管理的需要，因为水质评价仅仅是河流健康评价的部分内容，不能全面反映河流生态系统健康损害的多种因素，包括生态系统退化方面起关键作用的一些成因，例如岸边植被带的损失、河流栖息地功能的下降、污染物的扩散、河流水文和水流状态的改变、泥沙的淤积、外来物种的入侵、水生生物结构及功能的改变等。因此，河流健康评价的内容也发生了改变，开始从水质改善过渡到对河流生态与环境质量的综合评价。例如德国、瑞士等国家开展的"近自然河流治理"，日本开展的"近自然工事"和美国开展的"自然河道设计技术"等。从以欧洲莱茵河"鲑鱼-2000计划"为代表的单一物种恢复，转向以"欧盟水框架指令"为代表的流域尺度的河流生态整体性恢复，相应的河流健康评价内容和方法也发生了巨大的变化。

伴随着河流健康评价内容的转变，国际上对河流健康状况的指标体系和评价方法进行了广泛的研究。20世纪80年代初，出现了两种代表性的河流健康评价方法，即生物完整性指数（IBI）和河流无脊椎动物预测与分类系统（RIVPACS）。生物完整性指数IBI产生于美国中西部，最初用于鱼类，后又推广至其他生物。RIVPACS产生于1977年英国淡水生态所的河流实验室，它的早期目标是促进对保护位置的选择，物种组成类型是其分析的重点。

同一时期，美国环保署（EPA）于1989年发展了快速生物评价协议（RBP），为用生物群落资料作为生态健康指标提供了技术框架。

20世纪90年代，河流健康评价进入快速发展时期，许多国家建立了河流健康评价方法，较具代表性的有美国、英国、澳大利亚和南非等国家。1990年，美国环保署（EPA）启动了环境监测和评价计划（EMAP），用于监测和评价河流、湖泊的状态和趋势，并于1990年对已有的快速生物评价协议（RBP）进行了更新；1992年提出岸边与河道环境细则（RCE），采用了16个特征值用于快速评价下游农业景观地区小溪流的物理和生物状态。英国建立了河流保护评价体系（SERCON），用于评价河流的生物和栖息地属性；1997年英国还建立了河流栖息地调查（RHS）方法，该方法为英国提供了一个河流分类和未来栖息地评价的标准模式。澳大利亚采用了河流地貌类型（GRS）、河流状态调查（SRS）等多种评价方法，对河流状态的评价包括水文地貌（特别是栖息地结构、水流状态、水流连续性）、物理化学参数、无脊椎动物和鱼类集合体、水质、生态毒理学等内容，并在RIVPACS的基础上发展了适合本国的评价方法AUSRIVAS，并于1993年采用AUSRIVAS进行了第一次全国水资源健康评价。

国外关于河流生态系统健康评价方法众多（表2.1-1），但从原理上主要可分为两类：一类是预测模型方法（Predictive models），如RIVPACS和AUSRIVAS等；另一类方法称为多指标方法（Multimetrics），具有代表性的有生物完整性指数（IBI）、岸边与河道环境细则（RCE）、溪流状态指数（ISC）、河流生态环境调查（RHS）、河流健康计划（RHP）、快速生物监测协议（RBPs）和美国的环境监测和评价计划（EMAP）。预测模型法主要通过单一物种对河流健康状况的影响进行比较评价，并且假设河流任何变化都会反映在这一物种的变化上，此方法具有一定的局限性。RIVPACS和AUSRIVAS都是以大型无脊椎动物作为对象。多指标评价法是不同生物组织层次上多个指标的组合，能够及时地反映河流健康的变化。目前IBI方法已经被用于藻类、浮游生物、无脊椎动物、维管束植物等相关研究，鱼类IBI评价指标见表2.1-2；而ISC方法综合反映了河流水文学、物理构造特征、河岸区状况、水质及水生生物5个要素共计19项指标；RHP方法涵盖了河岸带完整性、河道宽/深结构、河道沉积物、河岸结构、河床条件、水生植物、鱼类等16个指标。但多指标评价法也存在评价过程复杂、资料不易收集等缺点。

欧盟和美国等发达国家和地区已在长期生态监测数据积累的基础上，基本形成了本国的河流生态系统健康的指标体系和相关的评价标准。然而，由于生态系统本身具有显著的区域特征，使各国都致力于发展适合本国河流的生物监测指标体系与技术方法。

国外"河流健康"代表性评价方法 表2.1-1

类别	名称	方法简介	主要特点
生物评价方法	生物完整性指数（IBI）	着眼于水域生物群落结构和功能，用12项指标（河流鱼类物种丰富度、指示种类别、营养类型等）评价河流健康状况	包含一系列对环境状况改变较敏感的指标，从而对所研究河流的健康状况作出全面评价，但对分析人员专业性要求较高
	河流无脊椎动物预测与分类系统（RIVPACS）	利用区域特征预测河流自然状况下应存在的无脊椎动物，将预测值与实际监测值相比较，从而评价河流健康状况	能较为精确地预测某地理论上应该存在的生物量；但该方法基于河流任何变化都会影响无脊椎动物这一假设，具有一定的不确定性
	澳大利亚河流评价计划（AUSRIVAS）	针对澳大利亚河流特点，在评价数据的采集和分析方面对RIVPACS方法进行了修改，使得模型能够广泛用于澳大利亚河流健康状况的评价	能预测河流理论上应该存在的生物量，结果易于被管理者理解；但该方法仅考虑了大型无脊椎动物，并且未能将水质及生境退化与生物条件相联系
生态系统评价方法	溪流状态指数（ISC）	构建了基于河流水文学、形态特征、河岸带状况、水质及水生生物5个方面的指标体系，将每条河流的每项指标与参照点对比评分，总分作为评价的综合指数	将河流状态的主要表征因子融合在一起，能够对河流进行长期的评价，从而为科学管理提供指导，但缺乏对单个指标相应变化的反映，参考河段的选择较为主观
	河流健康计划（RHP）	选用河流无脊椎动物、鱼类、河岸植被、生境完整性、水质、水文、形态七类指标评价河流的健康状况	较好地运用生物群落指标来表征河流系统对各种外界干扰的响应，但在实际应用中，部分指标的获取存在一定困难
	快速生物监测协议（RBPs）	涵盖了水生附着生物、两栖动物、鱼类及栖息地评估方法。对于河道纵坡不同河段采用不同的参数设置，每个监测河段等级数值范围在0~20，20代表栖息地质量最高	提供了河流藻类、大型无脊椎动物和鱼类的检测评价方法和标准。调查方法包括栖息地目测评估方法，但是其设定"可以达到最佳"的参照状态比较难以确定
	河流生态环境调查（RHS）	采用调查背景信息、河道数据、沉积物特征、植被类型、河岸侵蚀、河岸带特征以及土地利用等指标来评价河流生境的自然特征和质量	较好地将生境指标与河流形态、生物组成相联系，但选用的某些指标与生物的内在联系未能明确，部分用于评价的数据以定性为主，使得数理统计较为困难
	岸边与河道环境细则（RCE）	用于快速评价农业地区河流状况，包括河岸带完整性、河道宽/深结构、河岸结构、河床条件、水生植被、鱼类等16个指标，将河流健康状况划分为5个等级	能够快速评价河流的健康状况，但该方法主要适用于农业地区，如用于评价城市化地区河流的健康状况，则需要进行一定程度的改进

鱼类生物完整性指数（IBI）评价指标　　　表2.1-2

评价指标	特性
土著鱼种多度（NS）	土著鱼种多度随着干扰增加而降低；指数随水质改善、栖息地多样性以及稳定性增加而增加
鱼种多度（DMS）	物种对污染极其敏感，随着污染加重而降低；指数随水质改善、栖息地多样性以及稳定性增加而增加
耐受物种多度（INT）	物种对污染极其敏感，随着污染加重而降低；指数随水质改善、栖息地多样性以及稳定性增加而增加
水体物种多度（WC）	指数是4个指标的综合反映，包括鲤科、太阳鱼、顶级食肉动物、幼鱼等
附生产卵鱼类多度（SL）	指数中的鱼类需要相对清洁的沙砾，是栖息地特征的参数，对于沉积作用极其敏感
食虫物种个体比例（INST）	样本中食虫物种的相对多度（不包括非耐受个体），表示个体对昆虫相对比较敏感，随着健康程度降低而降低
杂食动物个体比例（OMNI）	指数随干扰增加而增加
耐受物种个体比例（TOL）	指标表明个体对外界污染的耐受能力以及对外界物种入侵的耐受能力，随干扰增加而增加

2.1.2 国内研究现状

进入21世纪，国内在水体质量评价方面已形成了比较完善的技术标准，如《地表水环境质量标准》（GB 3838—2002）、《地下水质量标准》（GB/T 14848—2017）、《生活饮用水卫生标准》（GB 5749—2022）等。但是，国内开展河流健康评价工作起步较晚，2000年以后，长江水利委员会、黄河水利委员会和珠江水利委员会等流域机构和一些学者先后开展了健康河流评价研究。

2004年，长江水利委员会根据长江流域自然条件、经济社会发展现状和我国的国情提出了健康长江的基本概念，认为健康的长江应该是自然生态健康与河流为人类提供良好服务的交集。2005年，根据"维护健康长江、促进人水和谐"的治江理念，长江水利委员会提出了由1个目标层、3个系统层、5个状态层和14个指标层组成的健康长江评价指标体系（表2.1-3）。

健康长江评价指标体系　　　　　　　　　　　　　　　　　　　表2.1-3

目标层	系统层	状态层	指标层	健康参考值
维护健康长江、促进人水和谐	生态保护	水土资源与水环境状况	河道生态需水量满足程度	>60%
			水功能区水质达标率	>80%
			水土流失比例	<10%
			血吸虫病传播阻断率	100%
		河流完整性与稳定性	水系连通性	大部分连通
			湿地保留率	20%
			优良河势保持率	重点河段100%一般河段80%
			通航水深保证率	I级
		水生生物多样性	鱼类生物完整性指数	48~52
			珍稀水生动物存活状况	良好
	防洪安全保障	蓄泄能力	防洪工程措施达标率	>90%
			防洪非工程措施完善率	>90%
	水资源开发利用	水资源开发利用状况	水资源开发利用率	<30%左右
			水能资源利用率	<60%左右

2003年，首届黄河国际论坛决定将"维持河流健康生命"作为第二届黄河国际论坛的主题。2005年，黄河水利委员会从河流生命和河流健康的本质出发，通过分析黄河自身、人类和河流生态系统的生存需求，认为连续的河川径流、通畅安全的水沙通道、良好的水质、良性运行的河流生态和一定的供水能力是现阶段黄河健康生命的标志，提出了低限流量、河道最大排洪能力、平滩流量、滩地横比降、水质类别、湿地规模、水生生物、供水能力8项定量表征黄河健康生命的指标体系。

2006年，珠江水利委员会提出的河流健康指标由总体层、系统层、状态层和指标层组成。总体层是对珠江河流健康评价指标体系的高度概括，系统层包括自然属性和社会属性两个方面，状态层是在系统层下设置的代表该综合指标的分类指标，分别为河流形态结构、水环境状况、河流水生物、河岸带状况、人类服务功能5个方面，指标层是在5个状态层下设置的分项指标（表2.1-4）。

珠江流域河流健康评价指标体系　　　　　　　　　　　　　　　表2.1-4

总体层	系统层	状态层	指标层
河流健康综合评价	自然属性	河流形态结构	河岸、河床稳定性
			与周围自然生态连通性
			水土流失与荒漠化治理率

续上表

总体层	系统层	状态层	指标层
河流健康综合评价	自然属性	河流形态结构	亲水性与景观舒适度
		水环境状况	河道生态用水保障程度
			水功能区水质达标率
			饮用水源地咸度超标程度
			遭受污染后修复能力
		河流水生物	藻类多样性指数
			鱼类多样性指数
			珍稀水生动物存活状况
	社会属性	人类服务功能	防洪标准达标率
			万元GDP取水量
			水资源开发利用率
			饮水安全保障程度
			灌溉保证率
			水电开发率
			通航保证率
		水利管理水平	跨界河流监测站点完善状况
			非工程措施完善状况

尽管参考欧美河流生态系统健康指标体系开展了我国相关的研究，但多数研究因我国多数水生生物资料没有长期的积累或数据共享程度差，尚停留在对国外河流生态系统健康认识的初级阶段，实际应用的可能性受到了比较大的局限。此外，西方国家水资源的供需矛盾与防洪抗旱等问题没有中国突出，相当多的国家在20世纪80年代以后，人类用水总量达到零增长，甚至出现下降，水资源与水能资源开发活动大为减少，大多数河流所面临的生态环境健康问题并不像中国这么尖锐。除了欧美发达地区水体的受损程度远小于中国之外，其多针对小型河流的生态恢复和栖息地进行评价，因此，对于我国大、中型河流生态维持和恢复的评价研究还有待进一步完善。

2.2 生态航道评价指标体系

目前，有关生态航道指标体系的研究，许鹏山结合甘肃省航道建设现状及面临的问题，提出生态航道的概念，阐述了航道生态设计理念，并提出了生态航道评价因子和评价方法。评价指标从航道安全、生态、景观和服务4方面功能提出了9项指标（表2.2-1）。

生态航道评价指标 表2.2-1

评价功能	评价指标
航道安全功能	航道尺度S1；通航保证率S2；航标设施完善率S3；驾乘人员视觉满意度S4
航道生态功能	栖息地质量S5；船队综合污染指数S6
航道景观功能	航道景观指数S7
航道服务功能	服务区分布率S8；服务区完好率S9

朱孔贤采用层次分析方法，将生态航道评价指标体系分为目标层、准则层及指标层3个层次，依据施工生态性、航道生态性、航运环保性、航道可持续性与社会适宜性5个准则，采用19个具体指标构成生态航道评价指标体系（表2.2-2）。

生态航道评价指标体系 表2.2-2

目标层（A）	准则层（B）	指标层（C）
生态航道（A）	施工生态性（B1）	取材环保性（C1）
		施工简易性（C2）
		生态破坏程度（C3）
		生境恢复速度（C4）
	航道生态性（B2）	航道水质等级（C5）
		生态水文满足度（C6）
		栖息地适宜度（C7）
		生物多样性（C8）
	航运环保性（B3）	航道利用率（C9）
		船舶污染控制（C10）
		单位运量能耗（C11）
		生态系统干扰度（C12）
	航道可持续性（B4）	造价经济性（C13）
		航道工程使用年限（C14）
		维护便利性（C15）
		生态系统自我修复能力（C16）
	社会适宜性（B5）	景观协调性（C17）
		亲水和谐性（C18）
		服务丰富度（C19）

李天宏以长江荆江河段为研究对象，在分析该河段河流系统功能的基础上，构造生态航道的评价体系，提出评价模型，进行航道整治工程实施前后的航道健康评价（图2.2-1）。

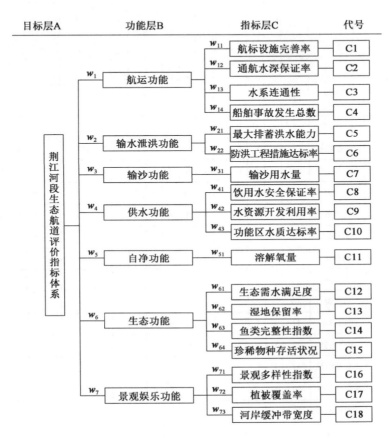

图2.2-1 荆江河段生态航道评价指标体系

上述研究从研究者对航道开发建设与河流生态保护关系的各自理解，阐述了对生态航道的认识，并基于各自认识提出了生态航道的评价指标体系、评价方法等。所提指标在方法探索和社会适宜性上的建议可供本书参考借鉴。相比河流健康而言，目前关于生态航道指标体系方面的工作还有较长的路要走，并且随着生态航道建设的不断推进，建立一套科学、完整、客观的指标体系更显迫切。

李作良基于DPSIR模型概念的逻辑关系，分析内河航运开发对河流生态系统的影响，构建出以横纵坐标系为结构框架的内河航运工程关键生态指标体系（表2.2-3）。纵向坐标轴表示影响对象——自然河流生态系统，横向坐标轴表示影响源——内河航运开发过程，纵横交叉位置表示航运开发过程具体人为措施对河流生态系统单项指标的适用性及空间尺度上的影响。

生态航道关键指标体系　　　　　　　　　　　　　　　　　　　　表 2.2-3

目标层	属性层	要素层	指标层	序号	规划				设计施工						运营					维护				管理	
					航道等级	航线规划	标准船型	运量预测	渠化工程	整治坝体	岸滩守护	疏浚吹填	航道爆破	航标工程	旋桨尾流	船行波	船舶噪声	光污染	油污排放	日常疏浚	水毁修复	航道测量	沉船打捞	规章制度	执法监察
自然河流生态系统	水文水动力	水文节律	径流量变化率	1	C				C																
		水动力	水深变化	2	C	C	R		C	R	S	S	R			R					R				
			流速变化	3	C	C	R		C	R	S	S	R		R	R					R	R		R	R
			含沙量变化	4	C	C	R		C	R	S	S	R		R	R					R	R		R	R
	水环境	水质	水质达标率	5	C	R	C		C	R	S	S	R						S						
			溶解氧	6					S	R	R	S	R		R	R			S		R	R		R	R
			pH值	7					S	R									S						
		理化指标	营养盐	8					S		S								S						
			重金属	9					S		S	R			S				S		R	R		R	
			石油类	10							S								S		R				
	地貌形态	形态特征	平面形态	11	C	C			C	R	S	R	R												
			比降调整	12	C	R			C	R	S	S	R								R			R	
		连通性	纵向连续性	13	C				C																
			横向连通性	14	C	C				R	R	R													
			垂向透水性	15					R	R	S	R									R	R		R	
		植被特征	河岸植被覆盖率	16					C	R	S	R		R							S	R	R		R
		栖息生境	浅水生境保留率	17		C			C	R	R	R										R	R		
	生物	物种多样性	植物物种多样性	18					C	C	R	S	R		C	C	C	C	C						
			底栖动物多样性	19					C	C	R				C	C	C	C							
			鱼类物种多样性	20					C	C	R	S	S	R	C	C	C	C							
		种群质量	种群密度	21		R			C	C	R	S	R		C	C	C	C	C	R	R		R		
			珍稀物种存活状况	22		R			C						S	S	S	S	S						

续上表

目标层	属性层	要素层	指标层	序号	航运开发过程																			
					规划				设计施工						运营					维护				管理	
					航道等级	航线规划	标准船型	运量预测	渠化工程	整治坝体	岸滩守护	疏浚吹填	航道爆破	航标工程	旋桨尾流	船行波	船舶噪声	光污染	油污排放	日常疏浚	水毁修复	航道测量	沉船打捞	规章制度	执法监察
自然河流生态系统	社会服务	通航保障	通航保证率	23	C	C			C	R		S	R											R	C
			服务保障能力	24				C					C							R	R	R		C	C
		美丽航道	景观舒适度	25					S	R	S			R			R	R			R			C	
			航道文化	26		R																		C	

注：C、S、R 表示 3 种空间尺度，其中：C-廊道尺度（Corridor）；S-河段尺度（Segment）；R-局部河段尺度（Reach）。

参照 Frissell 等对激流生态系统的等级划分办法，并结合航运开发过程主要内容措施的影响，将其分为 3 种空间尺度。廊道尺度（Corridor），航运开发对生态的影响可扩展至整个干流或个别支流，尺度范围大于 10^3m，如渠化枢纽工程对某条河流上下游、干支流的影响。河段尺度（Segment），航运开发对生态的影响限于某个河段，尺度范围在 $10^2 \sim 10^3$m 之间，如某次船舶油污排放事件的影响范围。局部河段尺度（Reach），航运开发的生态影响是局部性的，尺度范围小于 10^2m，如某条整治丁坝的作用影响范围。

表 2.2-3 纵向表征河流生态系统的结构和功能特征，分为目标层、属性层、要素层和指标层。目标层明确保护对象；属性层依据航运开发过程对河流自然循环和社会服务两方面的影响，将自然河流生态系统划分为水文水动力、水环境、地貌形态、生物和生态服务 5 类属性；要素层是生态属性的细化分解和类型指标的归类；指标层为整个体系所提出的关键单项指标。

表 2.2-3 横向表征内河航运开发的过程和内容，分为开发阶段和开发内容。航运开发过程按照我国目前"建、管、养、用"的阶段划分，分为航道规划、设计施工、运营、维护和管理 5 个阶段，各阶段按航道工程类型和具体工作内容又进行细分。其中，规划可研阶段包括航道等级确定、航线规划、船型尺度设计和客货运量预测等内容；设计施工阶段包括渠化枢纽工程、航道整治坝体及护岸/护滩/护底工程、航道疏浚吹填、航道爆破和航标配布工程等；运营阶段包括船行扰动（船舶旋浆尾流和船行波）、船舶污染（油污水废气、垃圾排放、船舶噪声、光污染）；维护阶段包括航道测量、日常维护性疏浚、建筑物（整治建筑物和过船建筑物）水毁修复、沉船打捞；管理阶段包括航道立法、规章制度制定和日常监察执法。其中，属性层包括：

（1）水文水动力。航运工程所导致的河流水文过程变化是改变河流生态系统的首要因素，是河流水环境变化和地貌变迁的直接动力。渠化枢纽工程为实现航运效益所进行的调度运行，改变了自然河流年内丰枯周期变化规律，引起河流涨落水时空分布的改变。顺坝、锁坝等封堵工程或护岸工程，限制了河流的淹没范围，导致河流水文传导率的降低。航运工程在引起水文节律变化的同时，还会引起河流的水深、流速和含沙量等水动力特征的改变。渠化枢纽所形成的水库静水生境，导致水深增大、流速变缓、泥沙沉积，水流含沙浓度降低，使水流边界条件等发生大范围的重大改变。整治坝体和疏浚工程等同样造成河流局部水动力条件的变化。因此，水文水动力属性应包含描述水量调整的水文节律和描述水流运动的水动力两个方面的要素。

（2）水环境。河流水体及底部沉积物作为河流生态系统的重要组成部分，其环境质量的好坏严重影响着生态系统中浮游生物、底栖生物和鱼类等的生存。航运工程对水环境的影响主要集中在施工和运营维护阶段。渠化枢纽工程水库蓄水，库水位抬升出现水温分层现象，流速下降减少了水体的扩散输移能力和生化降解速率，增大了水体污染和富营养化风险。航道整治工程施工和运营维护阶段对水体的扰动，以及各类污染排放均对河流水环境造成严重压力。因此，将水环境属性划分为描述水体总体状况的水质要素和描述水体物理、化学含量的理化指标要素。

（3）地貌形态。河流地貌形态是河流生态系统赖以存在的根本，其决定了河流的水文边界和宏观水文循环过程。河流侵蚀、搬运和堆积过程使河流地貌形态无时无刻不处在不断演变当中，航道工程实施（渠化和整治工程等）所引起的水文水动力变化加速了地貌形态的改变，除此之外，航道开挖、吹填、炸礁等人为施工的直接作用也极大地影响着河流的地貌演化过程。该属性层从描述河流自然形态属性的连通性、描述河流基本形态特征、描述河岸被侵蚀状况的植被特征和描述自然地貌保存方面的栖息生境四方面要素进行。

（4）生物。不同于早期通过河流水环境的物理、化学指标分析判断河流水生态系统状况的评价方法，将水生生物特征作为重要监测指标，开展以水生生物响应为主的生物监测，能全面、综合、较高水平地反映多污染源的长期影响。生物属性能集中反映航运开发各项内容导致河流生境条件变化对生物类群的影响，其涵盖以浮游藻类为代表的初级生产者、以底栖动物为代表的低级消费者和以鱼类为代表的高级消费者的生物类群，分为描述各代表物种结构分布的多样性属性和描述种群存活状态的种群质量属性两个方面。

（5）社会服务。社会系统服务功能是人类生存和发展的基础。河流社会系统服务功能体现为淡水供应、水能提供、物质生产、生物多样性维持、生态支持、环境净化、灾害调节、休闲娱乐和文化孕育等方面。基于航运开发与保护的生态航道概念，既要求河流维持自身生命的健康，又能持续地为人类航运需求提供服务。因此，针对人类航运开发的社会服务属性，分为描述航道通行能力的通航保障要素和描述航道景观和文化展示的美丽要素两个方面。

内河航运开发对河流生态系统的影响面向多层次对象，源于多作用过程，适用于多空间尺度。指标选取应遵循目标明确、指标科学且全面、具有代表性和可操作性的原则。通过分析各单项指标的内涵、代表性和适用性，建立航运开发过程和内容对各项指标的适用性及作用尺度关系，最终确定出26个关键生态指标。

3 贵州省通航河流状况及其面临的生态保护形势

3.1 贵州省河流及航道概况

贵州省地处长江和珠江两大水系的上游分水岭地带，贵州省的水系以乌蒙山—苗岭为分界，北属长江水系，流域面积占全省总面积的65.7%，有赤水河、乌江、清水江等河流；南属珠江水系，流域面积占全省总面积的34.3%，有南盘江、北盘江、红水河、都柳江等河流。河流从中西部向北、东、南三个方向呈扇形放射状分布，流域面积在1000平方公里以上的河流有61条，其中流域面积在10000平方公里以上的河流有7条，即赤水河、乌江、清水江、南盘江、北盘江、红水河及都柳江；长度100公里以上的河流有33条，具备发展水运的自然条件。

贵州省河流属雨源型山区河流，主要为长江、西江上游的支流，河谷深切，滩险密布，水流湍急，水位变幅大。河流水量主要由降水补给，季节分配极不均匀，大都集中在夏秋季节，占年径流量的75%~85%。洪水暴涨暴落，洪枯流量变化大，洪枯比一般大于1000。

截至2019年底，贵州省内河航道总里程达3900公里，其中四级及以上高等级航道突破1000公里，港口码头泊位490个，年货运吞吐能力达3179万吨，其中300吨级（含300吨）以上泊位97个。

目前，贵州省高等级航道少，以库区分段通航为主。四级航道仅为全省航道总里程的7.6%；除赤水河199公里能够通达长江干流外，其他94.4%的航道基本为库区航道或区间通航河段，不能开展中长途的水运直达运输。

贵州省航道等级结构见图3.1-1，主要航道现状见表3.1-1。

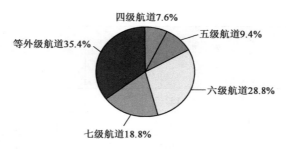

图 3.1-1　贵州省航道等级结构图（2010年）

贵州省主要航道现状表（截至2019年底）　　　　　表 3.1-1

航道名称	分段起讫点	里程（公里）	维护等级	航道尺度（米）			备注
				水深	宽度	弯曲半径	
赤水河	白杨坪—岔角	89	七	0.7	10	85	
	岔角—狗狮子	81	六	1.0	30	105	
	狗狮子—鲢鱼溪	29	五	1.3	40	270	
	鲢鱼溪—合江	49	五	1.3	40	270	川境、黔管
乌江	化屋基—乌江渡	142	六	1.0	30	105	库区（东风、索风营、乌江渡）
	乌江渡—构皮滩	137	四	1.6	40	330	
	构皮滩—思林	88	四	1.6	50	330	库区
	思林—沙沱	116	四	1.6	50	330	
	沙沱—龚滩	69.8	四	1.6	50	330	
清水江	凯里—剑河	91	七	0.7	10	85	
	剑河—三板溪	106	六				库区
	三板溪—挂治	18	六	1.0	30	105	库区
	挂治—白市	56.3	六	1.0	30	105	库区
	白市—分水溪	29.7	六	1.0	30	105	
南盘江	三江口—天生桥一级	96.3	五	1.3	40	270	库区、界河
	天生桥一级—天生桥二级	6.7	六	1.0	30	105	库区、界河
	天生桥二级—纳贡	40	不通航				
	纳贡—坡脚	18	六	1.0	30	105	界河
	坡脚—平班	14	五	1.3	40	270	库区
	平班—两江口	119	四	1.6	50	330	

续上表

航道名称	分段起讫点	里程（公里）	维护等级	航道尺度（米）			备注
				水深	宽度	弯曲半径	
北盘江	龙头寨—董箐电站	132.7	六	1.0	30	105	库区
	董箐—两江口	103.3	四	1.6	50	330	
红水河	两江河口—曹渡河口	107	四	1.6	50	330	库区、界河
都柳江	三都—八洛	214	七	0.7	10	85	

根据贵州省水运发展现状、发展条件以及面临的发展环境、发展需求，研究提出贵州省水运发展的总体目标是：用20年左右的时间，建成乌江、南盘江北盘江红水河两条出省水运主通道，建成赤水河、清水江、都柳江三条出省水运辅助通道，形成北入长江、南下珠江、干支相通、江海直达，力争水运年完成货物运输量达到1亿吨，港口布局合理、功能完善，运输船舶标准化、专业化、大型化、环保化、结构合理化，支持保障系统设施设备先进、保障有力，与其他运输方式及周边省（区、市）水运有效衔接、协调发展的全省水运体系，为贵州省后发赶超、跨越发展提供畅通、高效、绿色、安全的水运服务。

3.2 长江水系通航河流

3.2.1 乌江

3.2.1.1 河流状况

乌江是长江上游右岸的最大支流，发源于贵州省乌蒙山东麓，有南北两源。南源三岔河发源于威宁县境，北源六冲河发源于赫章县境，两源在化屋基汇流后始称乌江，沿途接纳猫跳河、偏岩河、清水江、洪渡河、郁江、芙蓉江等主要支流，在渝境内的涪陵注入长江，全长1037公里，平均比降2.05‰，流域面积8.79万平方公里。化屋基以上325.6公里为上游，平均比降4.29‰；化屋基至思南366.8公里为中游，平均比降1.37‰；思南至涪陵344.6公里为下游，平均比降0.64‰。乌江横穿黔中部地区，在东北部出黔境进入渝境，在黔境内长802公里，平均比降2.5‰，流域面积6.7万平方公里；黔、渝界河段72公里，平均比降0.78‰。乌江河谷深切，河道弯曲，滩多流急，峡谷与宽谷交替出现，其中70%是峡谷，水位落差大，河道坡降陡，具有典型的山区河流特征。

乌江是我国水电基地，自上游向下游在建和已建的水电枢纽依次有：洪家渡（六冲河）、普定（三岔河）、引子渡（三岔河）、东风、索风营、乌江渡、构皮滩、思林、沙沱、彭水、银盘和白马（在建）。目前，彭水枢纽已建成一线500吨级单级船闸+单级升船机，构皮滩、思林、沙沱水电枢纽500吨级升船机和银盘枢纽500吨级船闸也已建成，其他枢纽都没有建设过船设施。

3.2.1.2 航道现状

乌江干流化屋基至涪陵全长711公里，其中化屋基至乌江渡142公里航道位于东风、索风营、乌江渡3座水电枢纽库区，因3座水电枢纽未建过船设施，目前还处于库区内区间分段通航的状态。乌江渡至龚滩（黔渝界）航道长406公里，构皮滩、思林、沙沱及下游重庆境内彭水水电枢纽均已蓄水发电，除彭水水电枢纽过船设施建成运行外，其他3座水电枢纽过船设施正处于调试阶段，目前仍处于区间通航状态。乌江干流龚滩至涪陵163公里航道属重庆市管辖，其中龚滩至彭水16公里为彭水水电枢纽常年库区航道，彭水枢纽已建一线500吨级船闸加升船机的过船设施；彭水至涪陵147公里为五级航道，航道尺度为1.5（1.6）米×25（30）米×300米（水深×宽度×弯曲半径）。

乌江渡至构皮滩坝址航道长133公里，是构皮滩库区航道，其中常年库区航道88.2公里，回水变动区航道44.8公里（乌江渡坝址至漩塘）；构皮滩坝址至思林坝址航道长88公里为思林水库常年库区航道（思林枢纽死水位与构皮滩枢纽下游最低通航水位衔接）；思林坝址至沙沱坝址航道长116公里，为沙沱水库库区航道，其中常年库区航道93公里，回水变动区航道23公里（思林坝址至三汊河）；沙沱坝址至龚滩（黔渝界）航道长69.8公里，为下游重庆彭水水库库区航道，其中沙沱坝址至雷子滩16公里航道为彭水水库回水变动区，雷子滩至龚滩53.8公里为彭水枢纽常年库区航道。

3.2.1.3 航道规划

乌江，是横跨黔、渝两省市的全国内河高等级航道，是贵州北入长江的重要出省水运主通道。综合分析乌江及清水河自然条件、发展需求、开发前景等，本次规划乌江索风营水电枢纽至乌江渡水电枢纽70公里航段为四级航道，乌江渡水电枢纽至龚滩406公里航段为三级航道，规划清水河的开阳港至河口24公里为三级航道。

2020年前，要加大投入、加强协调，加快乌江构皮滩、思林、沙沱等水电枢纽500吨级过船设施建设，加快构皮滩翻坝运输系统工程建设，实施乌江渡、索风营等库区航运建设工程，使乌江航道到2015年运输能力达500万吨/年；全面推进构皮滩、思林和沙沱水电枢纽二线1000吨级过船设施建设，完成干流及清水河口段航道整治和相应航运配套设施建设，完成港口扩能建设，按通航1000吨级船舶的三级航道标准打通出省水运主通道，实现乌江航道年运输量达1500万吨的规划目标。

2021—2030年，实施乌江高等级航道延伸工程，进一步延伸乌江主通道的运输腹地范围。

3.2.2 赤水河

3.2.2.1 河流状况

赤水河是长江上游右岸的一级支流，发源于云南省镇雄县，在川黔省界上迂回，沿途接纳桐梓河、古蔺河、大同河、习水河等支流，至赤水市下游5公里的鲢鱼溪进入川境，在四川省合江县汇入长江，干流全长436公里，平均比降3.38‰，流域面积1.9万平方公里。河源至茅台为上游，长224.7公里，平均比降5.67‰，两岸陡峻，河谷狭窄，滩多水急；茅台至赤水为中游，长157.8公里，平均比降1.16‰，多有急流险滩，岸坡坍塌现象普遍；赤水至合江为下游，长54公里，平均比降0.3‰，河谷宽阔，水流平缓，阶地发育。

3.2.2.2 航道现状

赤水河白杨坪至合江248公里属通航河段，其中白杨坪至岔角89公里为七级航道；岔角至狗狮子81公里为六级航道，航道尺度为（0.8~1.0）米×20米×150米（水深×宽度×弯曲半径），可常年通行100吨级船舶；狗狮子至合江78公里为五级航道，航道尺度（1.1~1.3）米×22米×250米（水深×宽度×弯曲半径），可常年通航300吨级船舶，其中鲢鱼溪至合江段49公里属四川境，但航道建设、维护与管理都由贵州负责。

3.2.2.3 航道规划

赤水河是贵州省北入长江的出省水运辅助通道，根据有关环境保护要求，赤水河干流将不会实施河道梯级渠化工程，航道建设工程也主要采取疏浚、炸礁、筑坝等措施。综合分析赤水河航道的自然条件、运输需求、开发前景，规划赤水河白杨坪至狗狮子170公里为可通航100吨级船舶的六级航道，狗狮子至鲢鱼溪29公里为可通航300吨级船舶的五级航道。鲢鱼溪至合江四川省境内49公里也同步规划为可通航300吨级船舶的五级航道。

2020年前，按规划标准实施赤水河白杨坪至岔角89公里航段航道整治及岔角至合江航段夜航灯标扩能工程，使赤水河航道到2015年运输能力达800万吨/年；加快推进赤水河补水工程建设，实施桐梓河荡子口航电枢纽工程，实现赤水河航道年运输量达1000万吨的规划目标。

2021年，贵州省推动长江经济带发展领导小组办公室《关于印发〈中科院水生所报告反映赤水河流域生态环境突出问题整改实施方案〉的通知》，提出不再新增航道整治工程项目。取消列入交通运输部和贵州省政府规划的赤水河航道提等升级工程建设，退出赤水河上游白杨坪至习水岔角段89公里航道功能，不再进行航道维护，使其保持河道自然形态。

3.2.3 清水江

3.2.3.1 河流状况

清水江是长江支流沅水的上游，发源于贵州省贵定、麻江、都匀三县（市）间的云雾山，沿途接纳重安江、巴拉河、南哨河、瑶光河、六洞河等主要支流，于分水溪进入湘境，在常德注入洞庭湖，于城陵矶汇入长江。黔境内长452公里，平均比降2.8‰，流域面积1.71万平方公里，流经黔境的都匀、凯里、剑河、锦屏、天注等15个县（市）。清水江锦屏以上属高山峡谷，河谷较窄，呈V形，一般河谷宽100米左右；锦屏以下峡谷与丘陵相间，河谷较开阔，宽100~300米，两岸间有台地。

清水江黔境内在建和已建的水电枢纽依次有：三板溪、挂治、白市。由于诸多原因，三板溪和挂治水电枢纽未能同步建设过船设施，白市水电枢纽建有50吨级升船机。

3.2.3.2 航道现状

清水江凯里至分水溪311公里河段现为分段通航，其中凯里至剑河91公里为七级航道，剑河至三板溪106公里为三板溪库区航道，三板溪至分水溪段114公里为六级航道，航道尺度1.0米×15米×(80~100)米（水深×宽度×弯曲半径），可常年通行100吨级船舶。

清水江下游湖南境内沅水航道条件是，分水溪（金紫）至大江口214公里航段为七级航道，能通航50~100吨级船舶；大江口至浦市57公里航段为六级航道，可常年通航100~300吨级船舶；浦市至凌津滩段202公里为库区航道，基本达到四级航道标准，但五强溪船闸下游引航道口门区通航条件差，通航保证率低；凌津滩至常德80公里为四级航道，但凌津滩船闸下游引航道口门区通航条件较差；常德至鲇鱼口192公里为三级航道，可通航1000吨级船舶。

3.2.3.3 航道规划

清水江及沅水是贵州省东进洞庭湖入长江的出省水运辅助通道，其中三板溪水电枢纽以下是国家规划的内河高等级航道。综合分析清水江航道的自然条件、运输需求、开发前景等，按照《贵州省水运发展规划（2012—2030）》规划清水江凯里至三板溪197公里为五级航道，三板溪至分水溪114公里航段为四级航道。

2020年前，实施清水江三板溪库区水运建设工程和清水江锦屏至白市段航道建设工程，推进挂治、白市水电枢纽500吨级过船设施建设，重点改善清水江三板溪以下航段水运发展条件，实施三板溪水电枢纽翻坝运输系统工程建设，实施干流三板溪至凯里段旁海、平寨、施洞、廖洞、革东5级航电枢纽建设工程。

2021—2030年，全面实施清水江出省水运辅助通道建设，按500吨级标准建设三板溪水电枢纽过船设施，继续实施三板溪至凯里干支流铁厂、湾水、马田、旋水湾、石厂5级航电枢纽建设工程，全面建成凯里至分水溪出省水运辅助通道。

3.3 珠江水系通航河流

3.3.1 南盘江、北盘江、红水河

3.3.1.1 河流概况

1）南盘江

南盘江为西江上游，发源于云南省曲靖市乌蒙山脉的马雄山南麓，在三江口进入黔桂省界，沿途接纳清水江、黄泥河、马别河等支流，在望谟县蔗香两江口与北盘江汇合，流入红水河，全长915公里，平均比降2.1‰，流域面积5.62万平方公里。黔境段三江口至两江口长267公里，落差428米，平均比降1.6‰，流域面积0.78万平方公里。南盘江两岸山势雄伟，河谷深切，河床狭窄。

南盘江水能资源丰富，已建天生桥一级、二级和平班水电枢纽，由于诸多原因，均未同步建设过船设施。

2）北盘江

北盘江为西江上游的一级支流，发源于云南省曲靖市乌蒙山脉的马雄山西北麓，于都格流入黔境，沿途接纳清水河、可渡河、打邦河等主要支流，在望谟县蔗香两江口与南盘江汇合流入红水河，全长442公里，平均比降4.37‰，流域面积2.66万平方公里，其中黔境内都格至两江口长296公里，平均比降2.13‰。从河源至可渡河口为上游，以高原地貌为主，敞谷、峡谷和盆地相间，枯水期河宽30~80米；从可渡河口至打邦河口为中游，为峡谷河段，枯水期河宽20~70米，多急流险滩，著名的高坎滩长2.1公里，落差54.6米，平均比降26‰；打邦河口以下为下游，以低山地貌为主，河谷开阔，水流平缓，枯水期河宽50~150米，沿江两岸冲沟发育。

北盘江已建光照和董箐水电枢纽，由于诸多原因，均未同步建设过船设施。

3）红水河

南盘江与北盘江在两江口汇合后称红水河，沿途接纳牛河、刁江等主要支流，沿黔桂边界东流至曹渡河口入桂境，在象州石龙三江口与柳江汇合，全长657公里，平均比降0.39‰，流域面积5.49万平方公里。黔境两江口至曹渡河口长107公里，平均比降0.56‰，为高山峡谷河段，河谷呈"U"形，枯水期河宽80～250米，处于龙滩水电枢纽库区。

红水河是我国水电基地，已建有岩滩、大化、百龙滩和乐滩四座水电枢纽，加上在建桥巩、龙滩两座水电枢纽，六座水电枢纽均位于桂境内。岩滩水电枢纽建有250吨级垂直升船机，大化、百龙滩、乐滩和桥巩水电枢纽均已建成500吨级船闸，龙滩水电枢纽的电厂已经建成发电，但尚未建设过船设施。龙滩水电枢纽以下已经形成连续渠化河流，运输船舶可直达粤港澳地区。

3.3.1.2 航道现状

南盘江的三江口至天生桥一级水电枢纽坝址96公里是天生桥一级水库常年库区（万峰湖），为五级航道；天生桥一级水电枢纽至天生桥二级水电枢纽7公里是库区航道，为六级航道；天生桥二级水电枢纽至纳贡40公里不通航；纳贡至平班水电枢纽32公里为五、六级航道；平班水电枢纽至两江口119公里属龙滩水库库区航道，为四级航道，其中平班水电枢纽至八渡34公里为龙滩水库的回水变动段，航道通航保证率较低。

龙头寨至董箐水电枢纽133公里为库区航道，为六级航道；董箐水电枢纽至蔗香两江口103公里达到四级航道标准，其中董箐坝址至坝韦滩尾的51.3公里为龙滩水库的回水变动段，航道通航保证率较低；坝韦滩尾以下的51.7公里为龙滩枢纽水库常年库区，通航条件较好。

红水河的两江口至曹渡河口107公里为黔桂界河，属龙滩水电枢纽常年库区，达到四级航道标准。濛江罗甸县至河口35公里已达四级航道。

3.3.1.3 航道规划

南盘江、北盘江、红水河位于珠江水系上游，是贵州南下珠江的出省水运主通道之一，其中北盘江百层以下及红水河是国家规划的高等级航道和西南地区水运出海中线通道。综合分析南盘江、北盘江、红水河的自然条件、发展需求、开发前景等，规划北盘江龙头寨至董箐水电枢纽133公里为四级航道，南盘江平班水电枢纽至两江口119公里、北盘江董箐水电枢纽至两江口103公里、红水河两江口至曹渡河口的107公里共计329公里为三级航道，濛江的罗甸至河口35公里为三级航道。

2020年前，加强协调，加快龙滩翻坝运输系统工程建设，使南盘江、北盘江、红水河航道到2015年运输能力达500万吨/年；加快推进龙滩、岩滩水电枢纽1000吨级过船设施建设和改造，确保打通南下珠江的出省水运通道，同时实施龙滩库区航运扩能工程，按照通航2000吨级滚装运输船的要求，建设滚装码头及改善局部航道，建设珠江上游最大港口蔗香港（2000万吨），实施董箐、光照、平班、天生桥等库区航运建设工程，实现南盘江、北盘江、红水河航道年运输量达2000万吨规划目标。

2021—2030年，实施北盘江高等级航道延伸工程，建设董箐、马马崖一级及二级、光照等水电枢纽500吨级过船设施，实现高等级航道直通北盘江龙头寨的目标。

3.3.2 都柳江

3.3.2.1 河流概况

都柳江是西江一级支流柳江的上游，发源于贵州省独山县浪黑村，自西北向东南流经黔南州的三都、黔东南州的榕江、从江等县城，沿黔桂边境迂回27公里，至八洛进入桂境，于三江县老堡口与寻江（古宜河）汇合后称融江。都柳江全长310公里，平均比降3.8‰，流域面积1.13万平方公里；黔境内长291公里，平均比降0.89‰，流域面积1.06万平方公里，其中三都至八洛204公里。都柳江地处云贵高原东南部与桂北丘陵区的过渡地带，绝大部分为高山峡谷，榕江县以上河谷较窄，呈V形，一般河谷宽50~100米，枯水期河槽宽仅15~50米；榕江以下逐渐开阔，河谷宽100~200米，枯水期河槽宽50~100米，两岸间有台地。

都柳江已建红岩和永福水电枢纽，由于诸多原因，均未同步建设过船设施。

3.3.2.2 航道现状

都柳江贵州境内的三都至八落214公里为七级航道，广西境内八洛至老堡口长53公里，为七级航道，通航30~60吨机动船。都柳江在老堡口流入融江，融江已成为全线渠化的六级以上等级航道，可通航100吨级以上船舶。

3.3.2.3 航道规划

都柳江贵州河段是西南地区水运出海北线通道的延伸航道，考虑到都柳江已经规划有多级连续航电枢纽，进一步渠化开发都柳江航道建设，对改善三都、榕江、从江等地区交通条件，促进沿江旅游及矿藏资源开发、贫困地区脱贫致富和腹地经济发展具有重要意义。综合分析都柳江航道的自然条件、运输需求、开发前景等，结合都柳江广西境内航道规划，本次规划都柳江三都至八洛214公里为五级航道。

2020年前，加快推进都柳江航电结合梯级开发进程，完成白梓桥、柳叠、坝街、寨比、榕江、红岩、永福、温寨、朗洞、大融、从江11级航电枢纽工程和相应库区水运配套工程建设，实现都柳江三都至八洛航段全线达到五级航道规划目标。

3.4 贵州省主体功能区规划

贵州省主体功能区规划是根据不同区域的资源环境承载能力、现有开发强度和发展潜力，统筹谋划未来人口分布、经济布局、国土利用和城镇化格局，确定不同区域的主体功能，并据此明确开发方向，完善开发政策，控制开发强度，规范开发秩序，逐步形成人口、经济、资源环境相协调的国土空间开发格局。

主体功能区规划将国土空间划分为不同的主体功能区：按开发方式，分为优先开发、重点开发、限制开发和禁止开发区域；按开发内容，分为城市化地区、农产品主产区和重点生态功能区；按层级，分为国家和省级两个层面。

依据《全国主体功能区规划》，贵州省国家层面和省级层面的主体功能区划分为重点开发、限制开发及禁止开发区域三类，均没有优先开发区域。

限制开发区域除农产品主产区类别之外，剩余是重点生态功能区，即生态系统脆弱或生态功能重要，资源环境承载能力较低，不具备大规模高强度工业化城镇化开发条件，必须把增强生态产品生产能力作为首要任务，从而应限制大规模高强度工业化城镇化开发的区域。贵州省划为国家重点生态功能区的共有9个县级行政单元；划为省级重点生态功能区的共有12个县级行政单元，如表3.4-1所示。

贵州省国家级和省级重点生态功能区　　　　表3.4-1

	区域	范围	面积（平方公里）	人口（万）
国家重点生态功能区	威宁—赫章高原分水岭石漠化防治与水源涵养区	毕节市：威宁彝族回族苗族自治县、赫章县	9541.40	216.65
	关岭—镇宁高原峡谷石漠化防治区	安顺市：关岭布依族苗族自治县、镇宁布依族苗族自治县、紫云苗族布依族自治县	5472.30	111.58
	册亨—望谟南、北盘江下游河谷石漠化防治与水土保持区	黔西南州：望谟县、册亨县	5602.10	55.29
	罗甸—平塘高原槽谷石漠化防治区	黔南州：平塘县、罗甸县	5825.20	65.91

续上表

区域		范围	面积（平方公里）	人口（万）
省级重点生态功能区	沿河—石阡武陵山区生物多样性与水土保持区	铜仁市：江口县、石阡县、印江土家族苗族自治县、沿河土家族自治县	8471.10	172.92
	黄平—施秉低山丘陵石漠化防治与生物多样性保护区	黔东南州：施秉县、黄平县	3211.60	55.10
	荔波丘陵谷地石漠化防治与生物多样性保护区	黔南州：荔波县	2431.80	17.28
	三都丘陵谷地石漠化防治与水土保持区	黔南州：三都水族自治县	2383.60	35.71
	雷山—锦屏中低山丘陵水土保持与生物多样性保护区	黔东南州：雷山县、锦屏县、剑河县、台江县	6058.60	78.71

禁止开发区域是指有代表性的自然生态系统、珍稀濒危野生动植物物种的天然集中分布地、有特殊价值的自然遗迹所在地和文化遗址等，需要在国土空间开发中禁止进行工业化城镇化开发的重点生态功能区。贵州省划为国家层面禁止开发区域的是省域范围内的国家级自然保护区（9处）、世界和国家文化自然遗产（8处）、国家级风景名胜区（18处）、国家级森林公园（22处）、国家级地质公园（10处）。省级层面的禁止开发区域是依法设立的省级和市（州）级自然保护区［省级6处，市（州）级16处，截至2017年］、省级风景名胜区（53处）、省级森林公园（27处）、省级地质公园（3处）、国家重点文物保护单位（39家）、重要水源地保护区（129处）、国家重要湿地（2处）、国家湿地公园（4处）、国家级和省级水产种质资源保护区等（国家级24处，省级2处，截至2017年）。贵州省禁止开发区域分类统计见表3.4-2。

贵州省禁止开发区域分类统计表　　　　表3.4-2

类型	个数	面积(平方公里)	占全省土地面积比重(%)
一、国家级禁止开发区域			
国家级自然保护区	9	2471.82	1.40
世界、国家文化自然遗产	8	2142.32	1.22
国家级风景名胜区	18	3416.10	1.94
国家级森林公园	22	1510.51	0.86
国家级地质公园	10	2010.98	1.14

续上表

类型	个数	面积(平方公里)	占全省土地面积比重(%)
二、省级禁止开发区域			
省级、市(州)级自然保护区	19	2338.87	1.32
省级风景名胜区	53	5037.73	2.86
省级森林公园	27	871.85	0.49
省级地质公园	3	396.53	0.23
国家级重点文物保护单位	39	—	
重要水源地保护区	129		
国家重要湿地	2	82	0.05
国家湿地公园	4	40.58	0.02
国家级、省级水产种质资源保护区	5	38.43	0.02
合计	348	17882.67	10.15

3.4.1 自然保护区

根据《中华人民共和国自然保护区条例》（2017年修正本）的规定，自然保护区的建立是为了保护自然环境和自然资源，可以分为核心区、缓冲区及实验区。

自然保护区内保存完好的天然状态的生态系统以及珍稀、濒危动植物的集中分布地，应当划为核心区，禁止任何单位和个人进入。

核心区外围可以划定一定面积的缓冲区，只准进入从事科学研究观测活动。

缓冲区外围划为实验区，可以进入从事科学试验、教学实习、参观考察、旅游以及驯化、繁殖珍稀、濒危野生动植物等活动。

自然保护区分为国家级自然保护区和地方级自然保护区。截至2017年，贵州全省共划定自然保护区124处，其中国家级9处，省级6处，市（州）级16处，县级93处，共同划定长江上游珍稀、特有鱼类自然保护区1处（跨行政区域保护区，统计在川境）。涉及野生动物、野生植物、森林生态、内陆湿地、古生物遗迹等类型。

3.4.1.1 长江上游珍稀特有鱼类国家级自然保护区

长江上游珍稀特有鱼类国家级自然保护区是在原"长江合江—雷波段珍稀鱼类国家级自然保护区"的基础上经过调整，2005年由国务院批准成立的。2000年4月，国务院文件批准建立长江上游合江至雷波段珍稀鱼类国家级自然保护区。2005年4月，国务院对保区范围作了调整，并更名为"长江上游珍稀特有鱼类国家级自然保护区"。2011年12月，国务院批准了长江上游珍稀特有鱼类国家级自然保护区范围和功能区的调整方案，是目前我国最长的河流型自然保护区。

长江上游珍稀特有鱼类国家级自然保护区是为维护长江上游鱼类种群多样性和长江上游自然生态环境。保护区跨越四川、云南、贵州、重庆三省一市，范围在东经104°08′43″至106°29′45″，北纬27°25′01″至29°27′24″之间的长江上游干流及部分支流，宽度为各河流10年一遇最高水位线以下的水域和消落带。具体范围为长江干流金沙江向家坝水电站坝轴线下1.80公里至重庆马桑溪长江大桥江段；赤水云南省境内干支流，赤水河贵州省和四川省境内干流；岷江下游及其支流越溪河河口区域；长江支流南广河、永宁河、沱江、长宁河的河口区。保护区江段总长度为1162.61公里，总水域面积约为33174.213公顷。其中核心区10803.5公顷，缓冲区15804.6公顷，实验区6566.1公顷，主要保护对象仍然为白鲟、达氏鲟、胭脂鱼等长江上游珍稀特有鱼类及其产卵场。

保护区金沙江向家坝坝轴线下1.80公里至重庆马桑溪长江大桥江段387.06公里，面积25108公顷。保护区赤水河总长度628.23公里，总面积为4057公顷；其中上游河源支流191.73公里，干流436.50公里。保护区岷江月波至岷江河口，长度90.1公里，越溪河下游码头上至谢家岩，长度32.1公里，总面积3362公顷。保护区长宁河下游古河镇至江安县，长度13.4公里，保护区南广河下游落角星至南广镇，长度6.18公里；保护区永宁河下游渠坝至永宁河口，长度20.63公里；保护区沱江下游胡市镇至沱江河口，长度17.01公里，保护区南广河、永宁河、沱江、长宁河的河口区总面积为647公顷。

保护区核心区由5个江段组成，分别是：①金沙江下游三块石以上500米至长江上游南溪镇；②长江上游合江的弥陀镇至永川的松溉镇；③赤水河干流上游鱼洞至白车村；④赤水河干流中游五马河口至大同河口；⑤赤水河干流下游习水河口至赤水河河口。

保护区缓冲区由20个江段组成，分别是：①金沙江：金沙江下游横江口至三块石以上500米；②长江：长江上游干流南溪镇至沙沱子；③沱江口至弥陀镇；④松溉镇至珞璜镇；⑤赤水河：赤水河支流扎西河港沟至马家呦；⑥斑鸠井村至何家寨；⑦倒流河老盘地至渡口；⑧倒流河河口至巴茅镇；⑨妥泥河雨河至大湾镇；⑩妥泥河牛滚述至妥泥；⑪铜车河中寨至打蕨坝；⑫铜车河文笔山至天生桥；⑬铜车河湖家寨至湾沟；⑭赤水河干流河源段一碗水坪子至鱼洞；⑮赤水河干流湾潭至五马河口；⑯大同河口至习水河口；⑰岷江：岷江干流新房子至岷江河口；⑱支流越溪河码头上至新房子；⑲南广河：南广河落角星至河口；⑳长宁河：长宁河古河镇至河口。

保护区核心区、缓冲区以外的保护区区域为实验区。

长江上游珍稀特有鱼类国家级自然保护区在长江上游水域生态系统中具有代表性和典型性，特别是在长江上游地区密集的梯级水电开发、生境片段化之后，该1162.61公里自然河流生境相对完整，是保存长江上游水生生物多样性不可或缺的栖息繁殖地，对我国淡水渔业的可持续发展和众多珍稀、特有鱼类的物种延续意义重大。

保护区内鱼类多样性高，分布有大量的珍稀、特有鱼类。综合历史数据和2007—2008年调查结果，在保护区共发现鱼类199种，其中丁鱥、团头鲂、胡子鲇、斑点叉尾鲴和云斑鲴为外来种，194种土著鱼类隶属7目22科99属。鲤形目种类最多，有4科74属144种，占鱼类种数的74.23%；鲇形目次之，共5科9属27种；其余依次为鲈形目6科8属14种，鲑形目1科2属3种，鳉形目3科3属3种，鲟形目2科2属2种，合鳃鱼目1科1属1种。

保护区鱼类区系组成以中国江河平原区系为主，另外包括鲃类、野鲮类、平鳍鳅类、青藏高原的裂腹鱼类和高原鳅类以及南方类群等，显现出东、南、西、北各方鱼类在此混杂共处的过渡特点，反映了区系的复杂性。

据统计，194种土著鱼类中有38种被列入了各种级别的保护动物名录。其中，白鲟和达氏鲟为国家一级保护动物，胭脂鱼为国家二级保护动物。列入世界自然保护联盟（IUCN）保护名录（1996年）的鱼类3种，收录于《濒危野生动植物种国际贸易公约》（CITES）（1973年签订于华盛顿，1979年修订于波恩）附录Ⅱ鱼类2种，列入《中国濒危动物红皮书》（1998年）的鱼类10种，列入《中国物种红色名录》的鱼类有25种，四川、云南和重庆的地方保护水生野生动物名录收录了鱼类15种。38种保护种类中大部分属于长江上游特有鱼类。194种土著鱼类中共有长江上游特有鱼类70种。保护区鱼类保护对象及保护等级见表3.4-3。

保护区鱼类保护对象及保护等级 表3.4-3

序号	中文名	学名	保护名录					
			NL	IN	CS	RL	RB	PL
1	达氏鲟	Acipenser dabryanus	一	CR	二	E	V	
2	白鲟	Psephurus gladius	一	CR	二	CR	E	
3	鳤	Luciobrama macrocephalus				V	V	Y
4	鳡	Ochetobius elongates						Y
5	鳡	Elopichthys bambusa						Y
6	西昌白鱼	Anabarilius liui liui				En	En	Y
7	短臀白鱼	Anabarilius brevianalis						Y
8	长体鲂	Megalobrama elongate				CR		Y
9	云南鲴	Xenocypris yunnanensis				E	E	
10	方氏鲴	Xenocypris fangiTchang				V		

续上表

序号	中文名	学名	保护名录					
			NL	IN	CS	RL	RB	PL
11	裸体异鳔鳅鮀	Xenophysogobio nudicorpa						Y
12	鲈鲤	Percocypris pingi pingi				V		Y
13	大渡白甲鱼	Onychostoma daduensis						Y
14	长丝裂腹鱼	Schizothorax dolichonema				E		Y
15	细鳞裂腹鱼	Schizothorax chongi						Y
16	昆明裂腹鱼	Schizothorax graham				V		
17	重口裂腹鱼	Schizothorax davidi						Y
18	岩原鲤	Procypris rabaudi				V	V	Y
19	胭脂鱼	Myxocyprinus asiaticus				V	V	Y
20	长薄鳅	Leptobotia elongate				V	V	Y
21	小眼薄鳅	Leptobotia microphthalma						Y
22	红唇薄鳅	Leptobotia rubrilabris						Y
23	侧沟爬岩鳅	Beau fortia liui						Y
24	窑滩间吸鳅	Hemimyzon yaotanensis				V		Y
25	中华金沙鳅	Jinshaia sinensis						Y
26	四川华吸鳅	Sinogastromyzon szechuanensis						Y
27	峨眉后平鳅	Metahomaloptera omeiensis						Y
28	长须黄颡鱼	Pelteobagrus eupogon				V		
29	长须鮠	Leiocassis longibarbus				CR		
30	中臀拟鲿	Pseudobagrus medianalis		En		E	E	
31	白缘鮡	Liobagrus marginatus				E		
32	金氏鮡	Liobagrus kingi				E	E	
33	黄石爬鮡	Euchiloglanis kishinouyei				E		
34	青石爬鮡	Euchiloglanis davidi				CR		Y
35	中华鮡	Pareuchiloglanis sinensis				E		Y
36	青鳉	Oryzias latipes				V		
37	四川吻鰕虎鱼	Rhinogobius szechuanensis				E		Y
38	刘氏吻鰕虎鱼	Rhinogobius liui				E		Y

注：NL-国家重点保护野生动物名录；IN-IUCN（1996）；CS-CITES（1997）；RL-中国物种红色名录；RB-中国濒危动物红皮书（1998）；PL-地方保护水生野生动物。

分级：国内绝迹（En）；极危（CR）；濒危（E）；易危（V）。

省市保护动物：是（Y）。

3.4.1.2 保护区赤水河江段

保护区支流赤水河仍然保持着天然河流特征，它的干流尚未建坝，并且流程长、流量大、水质良好、河流栖息环境复杂多样、人类活动相对较少。20世纪90年代初保护区选址的时候，中国科学院水生生物研究所就建议将赤水河作为建立长江上游特有鱼类自然保护区的首选。

多年野外调查表明，赤水河流域鱼类资源非常丰富，分布有土著鱼类141种，其中长江上游特有鱼类46种，占长江上游特有鱼类种数的37.1%。宽唇华缨鱼目前仅发现于赤水河流域，为赤水河流域的特有种；高体近红鲌、黑尾近红鲌、张氏䱀、厚颌鲂、伦氏孟加拉鲮、宽口光唇鱼、岩原鲤、双斑副沙鳅和四川华吸鳅等特有鱼类虽然在保护区的其他江段也有分布，但是以赤水河的种群规模最大。此外，赤水河充足的流程、丰沛的流量和自然水文节律为产漂流性卵的鱼类提供了良好的繁殖条件，目前已知有长薄鳅和双斑副沙鳅等10种产漂流性卵的鱼类能够在赤水河产卵繁殖。

赤水河保护区核心区由3个江段组成：分别是：①赤水河干流上游鱼洞至白车村；②赤水河干流中游五马河口至大同河口；③赤水河干流下游习水河口至赤水河河口。

赤水河保护区缓冲区由12个江段组成：分别是：①赤水河支流扎西河港沟至马家呦；②斑鸠井村至何家寨；③倒流河老盘地至渡口；④倒流河河口至巴茅镇；⑤妥泥河雨河至大湾镇；⑥妥泥河牛滚述至妥泥；⑦铜车河中寨至打蕨坝；⑧铜车河文笔山至天生桥；⑨铜车河湖家寨至湾沟；⑩赤水河干流河源段一碗水坪子至鱼洞；⑪赤水河干流湾潭至五马河口；⑫大同河口至习水河口。

赤水河保护区实验区是白车村至湾潭。

根据中国科学院水生生物研究所2007—2016年在赤水河的上游、中游和下游分别选取的赤水镇、赤水市和合江县3个江段固定调查样点连续十年的渔获物监测数据（表3.4-4），3个江段共统计渔获物9001.1千克，测量标本195222尾，鉴定鱼类133种，隶属于7目20科84属，其中包括2种国家重点保护野生动物（长江鲟和胭脂鱼），36种仅分布于长江上游地区的特有鱼类和12种外来鱼类。

每个调查江段长10~20公里，调查时间为每年春季（5—7月）和秋季（9—11月）渔汛期，每个调查江段每次调查持续20天左右，每次调查船次不少于30船次。

调查期间（2007—2016年）不同江段鱼类物种组成　　　　表3.4-4

	种类		赤水镇	赤水市	合江县
鲟形目	Acipenseriformes				
	鲟科	Acipenseridae			

续上表

			种类		赤水镇	赤水市	合江县
		1	长江鲟	Acipenser dabryanus ★			+
		2	杂交鲟	*		+	+
鲤形目	Cypriniformes						
	鲤科	Cyprinidae					
		3	宽鳍	Zacco platypus	+	+	+
		4	马口	Opsariichthys bidens	+	+	+
		5	丁鱥	Tinca tinca			+
		6	青鱼	Mylopharyngodon piceus		+	+
		7	草鱼	Ctenopharyngodon idellus		+	+
		8	赤眼鳟	Squaliobarbus curriculus		+	+
		9	鳡	Elopichthys bambusa		+	+
		10	飘鱼	Pseudolaubuca sinensis		+	+
		11	寡鳞飘鱼	Pseudolaubuca engraulis		+	+
		12	伍氏华鳊	Sinibrama wui		+	
		13	四川华鳊	Sinibrama taeniatus ★		+	+
		14	高体近红鲌	Ancherythroculter kurematsui ★		+	+
		15	黑尾近红鲌	Ancherythroculter nigrocauda ★			+
		16	汪氏近红鲌	Ancherythroculter wangi ★		+	+
		17	半䱗	Hemiculterella sauvagei ★	+	+	+
		18	䱗	Hemiculter leucisculus		+	+
		19	张氏䱗	Hemiculter tchangi ★		+	+
		20	贝氏䱗	Hemiculter bleekeri		+	+
		21	红鳍原鲌	Cultrichthys erythropterus			+
		22	翘嘴鲌	Culter alburnus		+	+
		23	蒙古鲌	Culter mongolicus mongolicus		+	+
		24	达氏鲌	Culter dabryi			+
		25	厚颌鲂	Megalobrama pellegrini ★		+	+
		26	团头鲂	Megalobrama amblycephala			+
		27	鳊	Parabramis pekinensis			+
		28	黄尾鲴	Xenocypris davidi		+	+
		29	银鲴	Xenocypris argentea		+	+
		30	圆吻鲴	Distoechodon tumirostris		+	+
		31	似鳊	Pseudobrama simony		+	+

续上表

		种类		赤水镇	赤水市	合江县
		32	鳙 Aristichthys nobilis		+	+
		33	鲢 Hypophthalmichthys molitrix		+	+
		34	唇䱻 Hemibarbus labeo	+	+	+
		35	花䱻 Hemibarbus maculates	+	+	+
		36	麦穗鱼 Pseudorasbora parva	+	+	+
		37	华鳈 Sarcocheilichthys sinensis			+
		38	黑鳍鳈 Sarcocheilichthys nigripinnis		+	+
		39	短须颌须鉤 Gnathopogon herzensteini	+	+	+
		40	嘉陵颌须鉤 Gnathopogon herzensteini★			+
		41	银鉤 Squalidus argentatus	+	+	+
		42	铜鱼 Coreius heterodon			+
		43	圆口铜鱼 Coreius guichenoti★		+	+
		44	吻鉤 Rhinogobio typus	+	+	+
		45	圆筒吻鉤 Rhinogobio cylindricus★			+
		46	长鳍吻鉤 Rhinogobio ventralis★			+
		47	棒花鱼 Abbottina rivularis		+	+
		48	钝吻棒花鱼 Abbottina obtusirostris★			+
		49	裸腹片唇鉤 Plasysmacheilus nudiventris★	+	+	+
		50	乐山小鳔鉤 Microphysogobio kiatingensis		+	+
		51	蛇鉤 Saurogobio dabryi	+	+	+
		52	光唇蛇鉤 Saurogobio gymnocheilus		+	+
		53	长蛇鉤 Saurogobio dumerili			+
		54	宜昌鳅鮀 Gobiobotia filifer		+	+
		55	异鳔鳅鮀 Xenophysogobio boulengeri★			+
		56	短身鳅鮀 Gobiobotia abbreviate★	+		
		57	中华鳑鲏 Rhodeus sinensis	+	+	+
		58	高体鳑鲏 Rhodeus ocellatus		+	+
		59	大鳍鱊 Acheilognathus macropterus			+
		60	峨眉鱊 Acheilognathus omeiensis★			+
		61	无须鱊 Acheilognathus gracilis			+
		62	兴凯鱊 Acheilognathus chankaensis			+
		63	中华倒刺鲃 Spinibarbus sinensis	+	+	+
		64	鲈鲤 Percocypris pingi★	+		
		65	宽口光唇鱼 Acrossocheilus monticolus★		+	+

续上表

		种类			赤水镇	赤水市	合江县
		66	云南光唇鱼	Acrossocheilus ilusyunnanensis	+		+
		67	白甲鱼	Onychostoma sima	+	+	+
		68	瓣结鱼	Tor brevifilis		+	
		69	赫氏华鲮	Sinilabeo hummeli ★		+	
		70	伦氏孟加拉鲮	Bangana rendahli ★	+	+	+
		71	宽唇华缨鱼	Sinocrossocheilus labiate ★	+		
		72	墨头鱼	Garra pingi	+	+	+
		73	泉水鱼	Pseudogyrinocheilus procheilus	+		+
		74	昆明裂腹鱼	Schizothorax graham ★	+	+	
		75	岩原鲤	Procypris rabaudi ★	+	+	+
		76	鲤	Cyprinus carpio	+	+	+
		77	散鳞镜鲤	Cyprinu carpio ★		+	+
		78	鲫	Carassius auratus	+	+	+
胭脂鱼科	Catostomidae						
		79	胭脂鱼	Myxocyprinus asiaticus		+	+
条鳅科	Noemacheilidae						
		80	红尾副鳅	Paracobitis ariegates	+	+	+
		81	短体副鳅	Paracobitis potanini ★		+	+
		82	乌江副鳅	Paracobitis wujiangensis ★	+		
沙鳅科	Botiidae						
		83	中华沙鳅	Botia superciliaris	+	+	+
		84	宽体沙鳅	Botia reevesae ★	+	+	+
		85	花斑副沙鳅	Parabotia fasciata		+	+
		86	双斑副沙鳅	Parabotia bimaculata ★		+	+
		87	长薄鳅	Leptobotia elongate ★	+	+	+
		88	紫薄鳅	Leptobotia taeniops		+	
		89	红唇薄鳅	Leptobotia rubrilabris ★			+
花鳅科	Cobitidae						
		90	中华花鳅	Cobitis sinensis			+
		91	泥鳅	Misgurnus anguillicaudatus	+	+	+
		92	大鳞副泥鳅	Paramisgurnus dabryanus			+
爬鳅科	Balitoridae						
		93	犁头鳅	Lepturichthys fumbriata		+	+
		94	短身金沙鳅	Jinshaia abbreviate ★	+	+	

续上表

			种类		赤水镇	赤水市	合江县
		95	中华金沙鳅	Jinshaia sinensis ★			+
		96	西昌华吸鳅	Sinogastromyzon sichangensis★	+		
		97	四川华吸鳅	Sinogastromyzon szechuanensis ★		+	+
		98	峨嵋后平鳅	Metahomaloptera omeiensis		+	
脂鲤目	Characiformes						
	脂鲤科	Characin					
		99	短盖巨脂鲤	Colossoma brachypomus ★		+	
鲇形目	Siluriformes						
	鲿科	Bagridae					
		100	黄颡鱼	Pelteobagrus fulvidraco		+	+
		101	长须黄颡鱼	Pelteobagrus eupogon			+
		102	瓦氏黄颡鱼	Pelteobagrus vachelli	+	+	+
		103	光泽黄颡鱼	Pelteobagrus nitidus	+	+	+
		104	长吻鮠	Leiocassis longirostris		+	+
		105	粗唇鮠	Leiocassis crassilabris	+	+	+
		106	凹尾拟鲿	Pseudobagrus emarginatus		+	
		107	乌苏拟鲿	Pseudobagrus ussuriensis	+		
		108	切尾拟鲿	Pseudobagrus truncates	+	+	+
		109	细体拟鲿	Pseudobagrus pratti	+	+	+
		110	大鳍鳠	Mystus macropterus	+	+	+
	鲇科	Siluridae					
		111	鲇	Silurus asotus	+	+	+
		112	南方鲇	Silurus meridionalis		+	+
	钝头鮠科	Amblycipitidae					
		113	拟缘鉠	Liobagrus marginatoides ★		+	+
		114	白缘鉠	Liobagrus marginatus	+		+
		115	黑尾鉠	Liobagrus nigricauda		+	+
	鮡科	Sisoridae					
		116	中华纹胸鮡	Glyptothorax sinensis	+	+	+
	鮰科	Ictaluridae					
		117	斑点叉尾鮰	Ictalurus punctatus*	+	+	+
		118	云斑鮰	Ameiurus nebulosus *		+	
	胡子鲇科	Clariidae					
		119	革胡子鲇	Clarias gariepinus*		+	+

续上表

种类					赤水镇	赤水市	合江县
胡瓜鱼目	Osmeriformes						
	银鱼科	Salangidae					
		120	大银鱼	Protosalanx chinensis *			+
		121	短吻间银鱼	Hemisalanx brachyrostralis *			+
		122	太湖新银鱼	Neosalanx taihuensis*			+
鳉形目	Cyprinodonti-formes						
	胎鳉科	Poeciliidae					
		123	食蚊鱼	Gambusia affinis *			+
鲈形目	Percichthyidae						
	真鲈科	Percichthyidae					
		124	斑鳜	Siniperca scherzeri	+	+	+
		125	鳜	Siniperca chuatsi	+	+	+
		126	大眼鳜	Siniperca kneri	+		+
	沙塘鳢科	Odontobutidae					
		127	河川沙塘鳢	Odontobutis obscurus			+
		128	小黄䱂鱼	Micropercops swinhonis			+
	鰕虎鱼科	Gobiidae					
		129	子陵吻鰕虎鱼	Rhinogobius giurinus		+	+
		130	波氏吻鰕虎鱼	Rhinogobius cliffordpopei			+
		131	刘氏吻鰕虎鱼	Rhinogobius szechuanensis★			+
		132	粘皮鲻鰕虎鱼	Mugilogobius myxodermus			+
	斗鱼科	Belontiidae					
		133	圆尾斗鱼	Macropodus chinensis			+

注：+表示该种类在该江段有出现；★表示是长江上游特有鱼类；*表示是外来鱼类。

3.4.2 水产种质资源保护区

根据农业部2011年颁布的《水产种质资源保护区管理暂行办法》，水产种质资源保护区设立是为了加强水产种质资源保护。保护区可分为国家级水产种质资源保护区和省级水产种质资源保护区。根据保护对象资源状况、自然环境及保护需要，水产种质资源保护区可以划分为核心区和实验区。

截至2019年9月，全国范围内共公布十一批535个国家级水产种质资源保护区。

贵州省自2009年设立首个国家级水产种质资源保护区以来，目前已在全省范围内设立24处。

3.4.2.1 乌江黄颡鱼国家级水产种质资源保护区

乌江黄颡鱼国家级水产种质资源保护区总面积859公顷，其中核心区面积658公顷，实验区面积201公顷。特别保护期为每年2月1日—8月31日。保护区位于贵州省铜仁市沿河土家族自治县思渠镇的暗溪河口至淇滩镇的沙沱大坝江段及乌江一级支流白泥河、坝坨河，地理坐标范围在东经108°19′42″至108°31′58″、北纬28°28′46″至28°40′44″之间。主要保护对象为黄颡鱼，其他保护对象包括大口鲶、中华倒刺鲃、白甲鱼、泉水鱼、铜鱼、瓣结鱼、瓦氏黄颡鱼、光泽黄颡鱼、岔尾黄颡鱼等。如图3.4-1所示为黄颡鱼。

（1）核心区包括3段：①沙沱电站大坝至黎芝（新滩）江段，长约25.22公里，面积572.62公顷；②白泥河河口至白泥河上游回头弯江段，长约5.86公里，面积48.16公顷；③坝坨河河口至坝坨河上游照渡坝江段，长约7.19公里，面积36.63公顷。

（2）实验区为：暗溪河口至黎芝（新滩）江段，长约10.56公里，面积201.4公顷。

图3.4-1 黄颡鱼（Pelteobagrus fulvidraco）

（摘自：《长江上游珍稀特有鱼类国家级自然保护区鱼类图集》，危起伟、吴金明著，科学出版社，2015年）

3.4.2.2 西泌河云南光唇鱼国家级水产种质资源保护区

西泌河云南光唇鱼国家级水产种质资源保护区总面积228.45公顷，其中核心区面积72.45公顷，实验区面积156公顷。特别保护期为2月1日—7月31日。保护区位于贵州省黔西南布依族苗族自治州晴隆县北盘江及一级支流西泌河，地理坐标范围在东经105°11′44″至105°19′28″、北纬25°52′44″至25°56′57″之间，保护区河流长28.1公里。核心区西泌河河流长16.1公里，从马场乡战马十二组（105°11′44″E，25°52′44″N）至光照镇规模（105°15′36″E，25°56′23″N）；实验区北盘江河流长12公里，从光照镇光照组

（105°15′20″E，25°56′57″N）至光照镇孟寨（105°19′28″E，25°54′04″N）。保护区主要保护对象是云南光唇鱼，其他保护对象包括云南盘鮈、长尾鲵、光唇裂腹鱼、南方白甲、白甲鱼、倒刺鲃、唇䱻、花鳅等。如图3.4-2所示为云南光唇鱼。

图3.4-2　云南光唇鱼（Acrossocheilus yunnanensis）

（摘自：《长江上游珍稀特有鱼类国家级自然保护区鱼类图集》，危起伟、吴金明著，科学出版社，2015年）

3.4.2.3　北盘江九盘段特有鱼类国家级水产种质资源保护区

北盘江九盘段特有鱼类国家级水产种质资源保护区总面积863.56公顷，其中核心区面积383.8公顷，实验区面积479.76公顷。保护区特别保护期为每年2月1日—6月30日。保护区位于贵州省关岭自治县北盘江九盘段，保护区河流长43.2公里，地理坐标范围在东经105°30′44″至105°44′44″、北纬25°43′08″至25°33′58″之间。核心区河流总长19.2公里，位于马马崖电站大桥（105°30′44″E，25°43′08″N）至花江铁索桥（105°36′30″E，25°41′39″N）。实验区河段长24公里，位于花江铁索桥（105°36′30″E，25°41′39″N）至板贵乡三岔河（105°44′44″E，25°33′58″N）段。保护区主要保护对象为唇䱻、黄颡鱼、鳜、鲶，其他保护对象包括倒刺鲃、白甲鱼、唇鱼、墨头鱼、鲤、鲫、鲶、大刺鳅、斑鳠等物种。如图3.4-3~图3.4-5所示为唇䱻、鳜、鲶。

图3.4-3　唇䱻（Semilabeo notabilis）

图 3.4-4 鳜（Siniperca chuatsi）

（摘自：《长江上游珍稀特有鱼类国家级自然保护区鱼类图集》，危起伟、吴金明著，科学出版社，2015年）

图 3.4-5 鲶（Silurus asotus）

（摘自：《长江上游珍稀特有鱼类国家级自然保护区鱼类图集》，危起伟、吴金明著，科学出版社，2015年）

3.4.2.4 蒙江坝王河特有鱼类国家级水产种质资源保护区

蒙江坝王河特有鱼类国家级水产种质资源保护区总面积1277公顷，其中核心区面积503公顷，实验区面积774公顷。特别保护期为全年。保护区位于珠江水系的红水河上游，在贵州省南部罗甸县境内，位于雷公滩（106°35′01″E，25°33′26″N）、三岔河（106°47′38″E，25°27′31″N）、大井村（106°52′11″E，25°33′51″N）、柏林村（106°52′22″E，25°30′14″N）、茂井大桥（106°52′27″E，25°19′27″N）、拉毛（106°46′07″E，25°20′28″N）之间。核心区有两处：核心区Ⅰ是由以下5个拐点沿河道方向顺次连接所围成水域：雷公滩（106°35′01″E，25°23′26″N）、立亭村（106°38′29″E，25°22′08″N）、布法村（106°39′45″E，25°23′31″N）、顶访村（106°40′50″E，25°24′35″N）、边外河大桥（106°41′59″E，25°23′35″N）；核心区Ⅱ是由以下6个拐点沿河道方向顺次连接所围成的水域：大井村（106°53′01″E，25°33′31″N）、董望村（106°52′16″E，25°32′13″N）、沫阳村（106°51′02″E，25°30′52″N）、柏林村（106°52′22″E，25°30′14″N）、林霞村（106°47′55″E，25°28′29″N）三岔河（106°47′38″E，25°27′31″N）。实验区是由以下12个拐点沿河道方向顺次连接所围成的水域：边外河大桥

(106°41′59″E，25°23′35″N)、八一村（106°44′38″E，25°21′53″N)、令桃村（106°47′13″E，25°21′01″N)、拉毛（106°46′07″E，25°20′28″N)、母亭（106°49′12″E，25°21′35″N)、八帅（106°49′27″E，25°20′20″N)、茂井大桥（106°53′12″E，25°19′27″N)、八总村（106°49′15″E，25°26′14″N)、里矮村（106°51′08″E，25°27′03″N)、马草村（106°46′35″E，25°26′20″N)、五星村（106°47′39″E，25°26′03″N)、三岔河（106°47′38″E，25°27′31″N)。主要保护对象为斑鳜，其他保护对象包括南方白甲鱼、多耙光唇鱼、大鳞细齿塘鳢等。如图3.4-6所示为斑鳜。

图3.4-6　斑鳜（Siniperca scherzeri）

(摘自：《长江上游珍稀特有鱼类国家级自然保护区鱼类图集》，危起伟、吴金明著，科学出版社，2015年）

3.4.2.5　清水江特有鱼类国家级水产种质资源保护区

清水江特有鱼类国家级水产种质资源保护区总面积480公顷，其中核心区面积180公顷，实验区面积300公顷。核心区特别保护期为每年2月1日—6月30日。保护区位于贵州省剑河县清水江，地理坐标范围在东经108°25′04″至108°30′08″、北纬26°44′10″至26°47′13″之间，河流长16公里。核心区河流长6公里，从五河（108°25′04″E，26°47′13″N）至建新嵩本（108°25′54″E，26°45′58″N）。实验区河流长10公里，从建新嵩本（108°25′54″E，26°45′58″N）至下岩寨（108°30′07″E，26°44′34″N）。保护区内主要保护对象是黄颡鱼、大鳍鳠、鳜，其他保护对象包括白甲鱼、大口鲶、中华倒刺鲃、岩原鲤、青鱼、草鱼、鲫等物种。如图3.4-7所示为大鳍鳠。

图3.4-7　大鳍鳠（Mystus macropterus）

(摘自：《长江上游珍稀特有鱼类国家级自然保护区鱼类图集》，危起伟、吴金明著，科学出版社，2015年）

贵州省国家级水产种质资源保护区见表3.4-5，贵州省主要通航河流保护区状况见表3.4-6。

贵州省国家级水产种质资源保护区（截至2019年9月，数据来自农业农村部网站） 表3.4-5

编号	保护区名称	位置	保护对象	批次（设立年份）
5201	锦江河特有鱼类国家级水产种质资源保护区	铜仁市	黄颡鱼、鳜鱼	3(2009)
5202	蒙江坝王河特有鱼类国家级水产种质资源保护区	罗甸县	斑鳠	3(2009)
5203	太平河闵孝河特有鱼类国家级水产种质资源保护区	江口县	小口白甲、黄颡鱼	5(2011)
5204	潕阳河特有鱼类国家级水产种质资源保护区	玉屏县	鲶、大鳍鳠	6(2012)
5205	马蹄河鲶黄颡鱼国家级水产种质资源保护区	德江县	鲶、黄颡鱼	6(2012)
5206	龙川河泉水鱼鳜国家级水产种质资源保护区	石阡县	鳜、泉水鱼	6(2012)
5207	六冲河裂腹鱼国家级水产种质资源保护区	赫章县	昆明裂腹鱼、四川裂腹鱼	6(2012)
5208	油杉河特有鱼类国家级水产种质资源保护区	大方县	黄颡鱼、白甲鱼	6(2012)
5209	龙底江黄颡鱼大口鲇国家级水产种质资源保护区	思南县	黄颡鱼、大口鲶	7(2013)
5210	印江河泉水鱼国家级水产种质资源保护区	印江县	泉水鱼、黄颡鱼	7(2013)
5211	乌江黄颡鱼国家级水产种质资源保护区	沿河县	黄颡鱼	8(2014)
5212	芙蓉江大口鲶国家级水产种质资源保护区	道真县	大口鲶	8(2014)
5213	翁密河特有鱼类国家级水产种质资源保护区	台江县	黄颡鱼、鳜	9(2015)
5214	北盘江九盘段特有鱼类国家级水产种质资源保护区	关岭县	唇鲮、黄颡鱼、鳜、鲶	9(2015)
5215	松桃河特有鱼类国家级水产种质资源保护区	松桃县	唇䱻、鳜、鲌	9(2015)
5216	谢桥河特有鱼类国家级水产种质资源保护区	铜仁市	鲌、小口白甲鱼、鳜	9(2015)
5217	马颈河中华倒刺鲃国家级水产种质资源保护区	务川县	中华倒刺鲃	9(2015)
5218	清水江特有鱼类国家级水产种质资源保护区	剑河县	黄颡鱼、大鳍鳠、鳜	9(2015)
5219	西泌河云南光唇鱼国家级水产种质资源保护区	晴隆县	云南光唇鱼	9(2015)
5220	芙蓉江特有鱼类国家级水产种质资源保护区	绥阳县	四川裂腹鱼、鲈鲤	10(2016)
5221	座马特有鱼类国家级水产种质资源保护区	紫云县	白甲鱼、鲶鱼、唇鲮、黄颡鱼	10(2016)
5222	龙江河光倒刺鲃国家级水产种质资源保护区	岑巩县	光倒刺鲃	11(2017)
5223	龙江河裂腹鱼国家级水产种质资源保护区	镇远县	齐口裂腹鱼、黄颡鱼	11(2017)
5224	潕阳河黄平段瓦氏黄颡鱼国家级水产种质资源保护区	黄平县	瓦氏黄颡鱼	11(2017)

贵州省主要通航河流保护区状况 表3.4-6

序号	河流	保护区名称	保护区位置	河段属性	保护区范围、特别保护期	主要保护对象
一	乌江					
1	乌江干流	乌江黄颡鱼国家级水产种质资源保护区	沿河县思渠镇暗溪河口至淇滩镇沙沱大坝江段及乌江一级支流白泥河、坝坨河	彭水库区回水变动段	总面积859公顷 核心区面积658公顷 实验区面积201公顷 特别保护期每年2月1日—8月31日	黄颡鱼

续上表

序号	河流	保护区名称	保护区位置	河段属性	保护区范围、特别保护期	主要保护对象
2	清水河	暂无	—	—	—	—
二	南盘江北盘江红水河					
1	南盘江干流	暂无	—	—	—	—
2	北盘江干流	西泌河云南光唇鱼国家级水产种质资源保护区	晴隆县北盘江及一级支流西泌河	马马崖一级库区	总面积228.45公顷 核心区面积72.45公顷 实验区面积156公顷 特别保护期为2月1日—7月31日	云南光唇鱼
		北盘江九盘段特有鱼类国家级水产种质资源保护区	关岭县北盘江九盘段	董箐库区	总面积863.56公顷 核心区面积383.8公顷 实验区面积479.76公顷 特别保护期为每年2月1日—6月30日	唇䱻 黄颡鱼 鳜 鲶
3	红水河	暂无	—	—	—	—
4	濛江	蒙江坝王河特有鱼类国家级水产种质资源保护区	罗甸县	龙滩库区	总面积1277公顷 核心区面积503公顷 实验区面积774公顷 特别保护期为全年	斑鳠
三	赤水河	长江上游珍稀特有鱼类国家级自然保护区	赤水河	自然河流	总面积为4057公顷 上游河源支流191.73公里 干流436.50公里 核心区 缓冲区 实验区	
四	清水江	清水江特有鱼类国家级水产种质资源保护区	剑河县清水江	革东库区	总面积480公顷 核心区面积180公顷 实验区面积300公顷 核心区特别保护期为每年2月1日—6月30日	黄颡鱼 大鳍鳠 鳜
五	都柳江	暂无	—	—	—	—

3.4.3 重要水源地

贵州全省共有重要水源地保护区129个。水源地详细位置尚需结合具体航道工程状况列明，在航道工程实施各个阶段需将其列为主要敏感区给予关注。贵州省重要水源地名录见表3.4-7。

贵州省重要水源地名录　　　　　　　　　　　　　　　表3.4-7

城市名称	水源地名称	城市名称	水源地名称
贵阳市	红枫湖	安顺市	夜郎湖水库
贵阳市	百花湖	平坝区	音关桥
贵阳市	汪家大井	平坝区	白水龙水库
贵阳市	松柏山水库	镇宁县	桂家湖水库
贵阳市	北郊水库	普定县	火石坡水库
贵阳市	花溪水库	关岭县	高寨水库
贵阳市	阿哈水库	遵义市	中心城区集中水源(南北郊水库)
贵阳市	中槽水厂	仁怀市	娅石庆
开阳县	翁井水库	仁怀市	流沙岩水库
息烽县	下红马水库	仁怀市	板桥水库
息烽县	小桥河水库	仁怀市	茅坝沟
息烽县	枧槽沟	凤冈县	穿阡水库
乌当区	大龙井(云锦水厂)	桐梓县	天门河
修文县	龙场	湄潭县	湄潭县县城饮用水源
都匀市	茶园水库	绥阳县	牟家沟水库
福泉市	岔河	道真县	沙坝水库
福泉市	平堡河	务川县	龙桥溪水库
福泉市	黑塘桥	务川县	沙坝水库
瓮安县	落马塘	正安县	正安县洋渡
瓮安县	梅花堰水库	习水县	鱼溪坝
瓮安县	朵云水库	习水县	三八水库
瓮安县	水冲河水库	习水县	东风水库
龙里县	猴子沟	播州区	水泊渡水库
惠水县	鱼梁水库	赤水市	甲子口
惠水县	程番水源地	赤水市	双鱼田
惠水县	龙塘水源地	余庆县	余庆县县城饮用水源
罗甸县	县城水库	钟山区	梅花山
独山县	高岩水库	水城县	阿勒河
荔波县	荔波水厂	六枝特区	中坝水库
三都县	三都饮用水源地	盘州市	松官水库

续上表

城市名称	水源地名称	城市名称	水源地名称
平塘县	龙洞	盘州市	哮天龙水库
长顺县	转拐龙潭	凯里市	金泉湖水厂
铜仁市	鹭鸶岩	凯里市	普舍寨
玉屏县	潕阳河	凯里市	里禾水库
万山区	琴门水库	镇远县	犀牛洞
江口县	牛硐岩水库	台江县	打岩沟
大龙开发区	饮用水源	天柱县	鱼塘水库
思南县	河西水厂水源地	天柱县	高明山
石阡县	龙川河	锦屏县	天堂
石阡县	岩门口饮用水源	榕江县	三角井
沿河县	官舟水库饮用水源	榕江县	归久溪
沿河县	淇滩镇沙坨饮用水源	从江县	宰章河
德江县	大龙阡	黄平县	响水桥
德江县	潮水河	黄平县	雷打岩
印江县	大鱼泉	黄平县	龙洞榜
贞丰县	纳山岗水库	岑巩县	禾山溪
贞丰县	云洞水库	麻江县	翁威马龙洞
兴仁市	法泥水库	剑河县	南脚溪
兴仁市	鲁皂水库	丹寨县	泉山水库
册亨县	坝朝水库	丹寨县	刘家桥水库
普安县	野猫菁水库	黎平县	三什江
晴隆县	三宝干塘水库	黎平县	五里江
晴隆县	西泌河	三穗县	大山沟水库
望谟县	六洞河	施秉县	平宁
安龙县	钱相马槽龙潭	雷山县	龙头河
安龙县	海子农场	七星关区	倒天河水库
安龙县	观音岩	七星关区	利民水库
兴义市	兴西湖水库	大方县	宋家沟水库
兴义市	木浪河水库	大方县	小箐沟水库
兴义市	围山湖水库	大方县	岔河水库
纳雍县	吊水岩水库	黔西市	附廓水库
威宁县	杨湾桥水库	金沙县	白果水库
赫章县	香椿树水库	金沙县	小洋溪水库

续上表

城市名称	水源地名称	城市名称	水源地名称
赫章县	公鸡寨水库	金沙县	南郊水厂水源
织金县	金鱼池		

3.4.4 重要湿地和湿地公园

贵州全省有国家重要湿地2个（表3.4-8）和国家湿地公园4个（表3.4-9）。其中，余庆飞龙湖国家湿地公园处于乌江构皮滩枢纽库区，其余重要湿地和湿地公园尚未处于通航水域内。

国家重要湿地名录　　　　　　　　　　　　　　　　　　表3.4-8

名称	位置	面积（平方公里）
草海国家湿地	毕节市威宁彝族回族苗族自治县	25.00
红枫湖国家湿地	贵阳市清镇市	57.00

国家级湿地公园名录　　　　　　　　　　　　　　　　　表3.4-9

名称	位置	面积（平方公里）
石阡鸳鸯湖国家湿地公园	铜仁市石阡县	7.78
威宁锁黄仓国家湿地公园	毕节市威宁彝族回族苗族自治县	3.39
六盘水明湖国家湿地公园	六盘水市	1.98
余庆飞龙湖国家湿地公园	遵义市余庆县	27.43

4 航道开发建设的生态效应

航道开发是通过对航道工程的建设和运行实现的，包括以延长通航里程、提高航道标准、改善通航条件和保障航道安全畅通为目的的疏浚、整治、渠化、开挖运河、航标、清障等工程。

航道开发对自然生态的效应包括对非生物要素和生物要素两方面的效应。从形成机理来看，可分为三级（图4.0-1）：

（1）第一级效应，引起流域生态系统中河流水文、水质、泥沙等环境要素和河流形态多样性等非生物要素的变化；

（2）第二级效应，引起河流生态系统中初级生物要素的变化，改变了河流初级生产力；

（3）第三级效应，第一级和第二级效应共同作用引起较高级（无脊椎动物、鱼类等）和高级（哺乳动物、鸟类等）生物要素的变化。

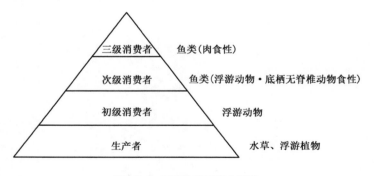

图4.0-1 河流生态系统金字塔

航道开发人为地改变了自然水体的径流过程，造成径流年内分配、流量丰枯变化、洪水峰谷形态和水温水质等水文情势变化，进而引起河道形态、河流连续性、水系连通性等的变化，这些又直接与生物的饵料、繁殖产卵和栖息等密切相关。

不同类型航道工程引起的生态效应的广度具有很大的差异，比如渠化枢纽工程生态效应涉及的范围最为广泛，而整治工程、疏浚清礁工程生态效应的范围相对较小且历时较短。

航道开发对生态环境的效应具有系统性和累积性的特点，表现为：

在影响的系统性方面，航道开发直接或间接改变河流原有的生态系统，该生态系统相互关联、相互制约、相互影响，是一个具有完善结构、整体功能和综合效益的集群。航道开发活动不仅对局部河段产生影响，同时还影响上、下游以及与该河流有相关性的支流或干流区域，也即其影响的性质、因素和后果都是系统性的。在这个集群系统中，若航道开发规划可研得当、设计合理、施工组织科学、环保措施得力，将能保障与自然相协调，反之会破坏系统的稳定，造成系统性的生态环境灾难。

在影响的累积性方面，航道工程对生态环境的影响在时间和空间上具有叠加和累积特性，某些生态环境因子不仅受一项工程措施的影响，还将受同一河段其他工程措施的影响，甚至受该河段上、下游工程措施的影响，表现为空间上的累积性。除此之外，某项工程措施对生态环境因子的影响会随着时间的推移不断地发生量变直至质变的发生。

航道工程对生态环境的累积性通常从对时空尺度累计度、空间上的累积区域和时间上的累积时域三个方面进行衡量。累积度越低、累积区域越小、累积时域越小，航道工程对生态环境可能造成的不利影响越小。

4.1 渠化工程

渠化工程是指在天然河流上，以航运开发为主要目的，修建拦河闸坝和通航建筑物，壅高上游水位、改善航行条件的航道工程。渠化工程对河流最直接的影响是破坏了河流的纵向连续性。

河流被大坝阻拦，在大坝上游形成水库，为满足枢纽功能目标（防洪、发电、航运、供水、灌溉、生态、旅游等）施行人工调度。

人工径流调节改变了自然水文情势，使大坝上游和下游的栖息条件发生改变；大坝阻断水流，使河流本来连续的物质流、能量流、物种流和信息流中断；水库改变河流沿线的地貌景观格局。枢纽工程的生态影响主要表现在水文情势、连通性、河流地貌形态、水体物理化学特征和生物组成等方面。

4.1.1 对水文情势的改变

渠化枢纽工程运行期间，需要服从其防洪兴利等方面功能要求，通过改变自然径流过程的不均匀性，以获得相对均衡的径流过程，从而满足包括航运在内的功能目标需求。渠化枢纽实现了对天然径流及泥沙输移过程的重新调整，使径流过程趋于均一化，通过水库调节洪峰，推迟洪水下泄时间，延缓洪峰发生时机，削弱洪水脉冲过程。使得水流与河床以相对稳定和可预测的方式满足通航等功能目标需求，但对下游河道而言，水文情势和水沙情势却发生了很大变化。图4.1-1是龙羊峡水库蓄水前后年内流量过程变化，该水库为多年调节水库，经水库调节后下泄流量均化现象十分显著，主要体现在降低了洪峰流量，增加了枯水期流量。不同条件类型水库对水位过程的变化见表4.1-1。

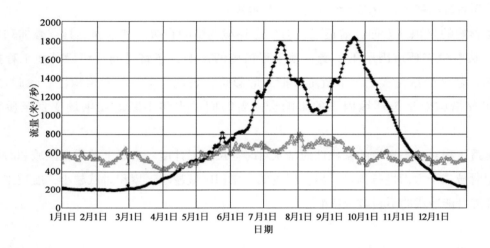

图4.1-1　黄河上游青海段龙羊峡枢纽修建前后年流量过程变化

不同条件类型水库对水位过程的改变　　　　　　　　　　　　　　　表4.1-1

水库类型	对河流水文过程的改变
日调节水库	下游流量和水位的日内变化频繁；水库水位发生一定的日波动
周调节水库	周内水文过程锯齿化或均一化；涨落水速率发生变化
季调节水库	洪峰削减；枯水流量增加；水库蓄水期流量减少；极大、极小流量发生时间推移；涨落水速率和次数改变
年调节及多年调节水库	洪峰过程平坦化；低流量增加；年水文过程趋于均一化；洪水脉冲、高流量和低流量事件的发生时间、持续时间、频率和变化率均发生改变

　　水文情势的变化改变了河流生物群落的生长条件和规律。洪水的发生时机和持续时间对鱼类产卵至关重要，洪水脉冲是一些鱼类的产卵信号，其产卵的规模与涨水过程的流量增量及洪水持续时间有关。一些具有江湖洄游习性的鱼类或者干支流间洄游习性的鱼类，

在洪水期进入湖泊或支流，洪水消退后回到干流。又比如三峡水库的削峰作用，会直接影响青、草、鲢、鳙四大家鱼的产卵期，可能导致其生物量下降。此外，水文过程均一化还会引起河漫滩植被退化，水禽鸟类丰度降低。一些靠洪水生长的滨河带植物死亡，而一些靠河流丰枯变化抑制的有害生物得以生长繁殖。

河流物种的分布、组成与水文过程密切相关，水流是影响栖息地的决定性因子，水生生物的生命史与天然水流动态有着直接的响应关系。水流特性对土著水生生物的繁殖、存活至关重要。长期的水文特征与生物的生长史有关，近期的水文事件对物种的组成、数量有影响，现状水文特征主要对生物的行为和生理有直接影响。

因此，渠化枢纽工程的建设和运行改变了自然水文和水沙过程，使洪水过程等生物节律信号丧失或紊乱，从而对水生生物的迁移、扩散、繁殖行为造成严重干扰，直接影响河流生态系统的生物分布和组成。

4.1.2 对河流上下游连续性的改变

河流的连通性不仅是水文学和地貌学意义上的连通性，同时也包含了营养物输移和生物信息的连续性。水流作为营养物输移的载体，可以把营养物向下游输送、交换、扩散、转化、沉积和释放。沿河的水生与陆生生物随之生存繁衍，相应形成了上中下游多样的生物群落组成，包括连续的水陆交错带植被、鱼类及水禽和两栖动物。渠化枢纽不但使水流受阻，而且其所携带的泥沙、营养物、碎屑残体等大多被拦蓄在上游水库，不能顺利地输移到水库下游河段。未建设鱼道的渠化枢纽造成洄游鱼类等水生生物生命通道的阻隔。例如分布于我国长江干流的国家一级保护野生动物——中华鲟，是典型的溯河洄游性鱼类，其栖息于东海、黄海大陆架水域觅食和生长，每年的7—8月为繁殖季节，由近海进入长江逆流而上，至翌年秋季繁殖，产卵场位于金沙江上游，其后幼鱼顺流游向大海。1981年葛洲坝枢纽兴建以来，中华鲟洄游通道被完全阻断，造成种群规模严重退化，中华鲟岌岌可危，据称在葛洲坝下游约30公里江段发现5处产卵场自然繁殖。至2012年，产卵场仅剩下葛洲坝坝体附近一处。2013年和2014年连续两年，研究人员在该产卵场没有监测到中华鲟的自然繁殖活动，这意味着中华鲟最后一处产卵场也消失了。

此外，水库下游由于受人工径流调节的作用，下泄水流的洪水脉冲作用削弱，洪水向河漫滩侧向漫溢的机会大大减少，削弱了河流侧向的连通性，其结果是上游洪水带来的丰富营养物无法实现侧向扩散，从而直接影响水陆交错带的栖息的数量和质量。如图4.1-2所示为广西右江鱼梁航运枢纽鱼道。

图 4.1-2　广西右江鱼梁航运枢纽鱼道

4.1.3　对水温水质的改变

天然河流的水温在时间尺度上，具有日变化和年内循环变化的天然过程。河流水温一天内在凌晨日出前最低，在下午至傍晚水温最高。小型河流日变化幅度小，较大河流日变化幅度较大。宽浅河流的日变幅较大，随着河宽和水深的增加，水温的日变幅变小。在年内变化上，河流水温呈现出正弦函数的变化过程。

筑坝河流库区水温结构会出现不同程度的分层现象，称之为"滞温效应"。筑坝后库区水温沿程增加，但比天然河道水温增加率小。沿库区水深方向，水库呈现出明显的水温分层。

筑坝河流坝下河段则由于库区河段水温结构的变化及库区的"滞温效应"，呈现出冬季水温较天然状态下水温偏高，春、夏季水温较天然状态下水温偏低的特点。

由于水库蓄水后形成巨大的容积，削弱了原天然河段水温的年内变化和日水温波动幅度。对水生态系统而言，水温影响着河流水生生物的生长、发育和繁殖活动，也影响着水生生物的空间分布。因为每一种水生生物不同的生命史阶段对其生活水域的水温有明确的阈值范围要求，河流水温的季节性变化和日水温波动对水生生物的空间分布有决定性的作用。比如三峡水库泄水运行期是每年的4月底至5月初，由于水库水温分层，下泄水流较天然水温低，会使四大家鱼的产卵期推迟20天左右，由于繁殖时间推后，水温较天然状态下水温偏低，幼鱼的生长明显变慢。中华鲟的生殖季节是每年秋季的10月上旬至11月上旬，其繁殖期产卵场的适宜水温在17.0~20.0摄氏度之间，三峡水库建成蓄水后坝下产卵场水温较建坝前水温高，导致其繁殖期延至11月中下旬。据统计，三峡水库运行后中华鲟产卵场水温满足其产卵需求的天然增加了83%，但适宜繁殖的水温延迟18~54天。

水库蓄水后经历的化学、物理和生物变化会极大地改变原有水质状况。水库回水区水流流速降低，曝气不足，扩散能力减弱，加之水库截留河流从上游携带的大量营养物质，有利于藻类在水库表层大量繁殖，藻类蔓延阻碍植物生长并使之萎缩，死亡的藻类沉入水底，腐烂的同时仍消耗大量的氧气，造成水体溶解氧含量降低而使水生植物"窒息而死"。库区近岸水域和库湾水体纳污能力下降，可能导致库区近岸水域和库湾水体富营养化。由于注入水库的支流和沟汊受到高水位的顶托，水体流动受阻，支流或河汊携带较高浓度的污染物，就会在库区支流交汇和沟汊部位产生水华现象（图4.1-3）。此外，由于水库的水深高于河流，在深水处阳光微弱，光合作用差，导致水库的生态系统比河流的生物生产量低，相对脆弱，自我恢复能力变弱。

图4.1-3　库区水华现象

4.1.4　对河流形态的改变

水库蓄水后极大地改变了河流的景观格局。库区内原有山地及丘陵生境因淹没造成片段化、破碎化，陆生生物被迫迁徙，洄游鱼类受阻。

在库区，由于流速减缓，泥沙在水库底部淤积，不但会减少水库蓄水能力，缩短水库的使用寿命，而且不断改变水下地形。库区除泥沙淤积之外，大坝拦截营养物质和上游漂流下来的木质残体，滞留在库区内，进一步引起泥沙淤积、化学污染物集聚和富营养化。水库蓄水还会诱发地震、山体滑坡和塌岸等地质灾害。

渠化枢纽修剪后，因泥沙在水库淤积，使得下泄水流挟沙能力增强，加剧了对下游河床和岸坡的冲刷侵蚀，致使下游河道变得窄深，使得有沙洲、河滩和多重河道交织在一起的蜿蜒河流变成了只有相对笔直的单一河道，改变了河流原有的蜿蜒性和连通性。同时，由于清水下泄，靠近大坝下游的河床处于冲刷状态，岸坡与河床的稳定性受到影响，被冲走的泥沙则在更下游沉积，致使河床抬高，岸坡与河床稳定性受到影响。此外，水库拦蓄洪水以至于不能满足河槽相对稳定的最低要求，造成下游河道萎缩，降低了河道的行洪能力。

河流水文地貌过程是河流生态系统的基本过程，也是维系河流生态系统连续性的关键过程，在河流水文地貌过程中，水流提供了塑造河床的直接动力，泥沙则是改变河床形态的物质基础，不同的水沙组合塑造了不同的床面形态，使得河流地貌过程直接决定栖息地的分布及其多样性。

4.1.5 长期与累积影响

渠化枢纽往往需要较长时间才能显现和趋于稳定。枢纽阻隔河流上下游连续性及其所带来的水文情势改变带来生物多样性受损，水库蓄水诱发岸坡塌陷、滑坡、泥沙淤积等效应具有长期的累积性，此外，其发生的区域、时间及次生灾害又具有不确定性。连续渠化河段修建的梯级枢纽，相比单个枢纽所产生的影响要复杂得多。

4.2 整治工程

整治工程是利用整治建筑物或其他工程措施，调整或稳定河槽形态和水、沙运动形态，从而开辟航道或稳定、改善航道条件的工程。包括为航道治理而建造的具有束水、导流、限流、导沙、限沙、护滩和护岸等作用的建筑物以及裁弯、填槽、切嘴等工程措施。

整治工程为开发利用河流的通航功能，通过在河岸和河流边滩修筑整治坝体和护岸工程，将河道主流限制在主航槽内，以形成稳定的水深和相对均匀的流态，构建出适合船舶航行的航道尺度和通航水流条件。筑坝和护岸、护滩等整治工程将水流限制在主河槽内，从而将河流从一条宽窄相间、水深多样、多汊道自由蜿蜒的天然河流系统，改造成一条窄深、形态单一、流态均匀的行洪与运输通道。如图 4.2-1 所示。

图　4.2-1

图 4.2-1　美国密苏里河某整治河段近 80 年（1934—2013 年）河道变迁

从图 4.2-1 密苏里河的河道变迁来看，透水木桩束水、导流丁坝和顺坝将河道主流限制在左岸侧，主河槽不断冲深，形成稳定的航运通道。右岸侧受丁坝和顺坝掩蔽，坝田区淤积浅滩且不断发育扩大，随时间推移，浅滩连为一体，并有植被覆盖，整治工程区域自然河道已基本被农田侵占，河宽大幅度缩窄，自然河道滩槽相间的复杂多汊系统已转变成窄深单一均匀的行洪和运输通道。

自然河流因整治工程所导致的河宽缩窄、流态单一意味着河道内水生生物栖息地的丧失，其对河流水生态系统的破坏将是多方面的。但整治工程并非只给河流生态带来负面影响，其生态效应的分析需结合具体整治建筑物和工程措施进行分别阐述。

4.2.1 筑坝与导堤的生态效应

(1) 丁/顺坝

航道整治中使用丁/顺坝在于调顺河床，缩窄河身，集中水流，冲刷河槽，增加航深，满足航行要求。其对水流的干扰较大，丁坝坝头受水流冲击，局部冲刷比较严重，坝根易被水流冲毁，也可促使泥沙在坝田淤积，丁坝布置会改变河段流速、流态，进而影响泥沙落淤，造成河床形态调整。

近岸水流变缓不利于漂流性鱼卵输移，容易造成鱼卵下沉，孵化失败；但近岸缓流区与泥沙落淤有利于水生植物生长，为沉黏性鱼卵孵化提供适宜条件。

丁坝坝田区泥沙落淤沉积，在坝田区形成淤积浅滩，随着淤积体发育壮大，新岸线向河道延伸，侵占了河道自然空间，如图4.2-2所示。

图4.2-2 赤水河坝田区淤积体（左图左岸淤积成新岸线）

河岸边滩处于水陆交接地带，其水深随河流水文节律变化，相比主河槽而言，水深相对较浅，流速较缓，光照充足，水温适宜，溶解氧浓度高，随洪水涨落自上游携带而来的有机物、营养盐、木质碎屑和动植物残骸等物质在此富集，且能够遮阴和躲避，吸引了微生物、鱼类和水生动植物集聚，逐渐构筑起完整的食物链。因此，河流边滩是水生生物栖息的良好生境。尽管坝田区泥沙落淤具有正面的生态效益，但随着淤积体的不断发育壮大，导致主河槽与边滩的水力连通性变差甚至完全丧失，特别是在枯水季节，主河槽与边滩产生水力阻隔，威胁到微生物、大型无脊椎动物、水生植物和鱼类的栖息生存。

(2) 鱼嘴

鱼嘴是设置在江心洲的头部起分流、导流、分沙、固滩等作用的鱼嘴状建筑物。根据其作用可分为固滩鱼嘴、分流鱼嘴及护洲鱼嘴三个类型。鱼嘴头部通常设置成圆弧形，以实现分流、分沙和固滩的治理需要。鱼嘴后续结构需根据需要保护和加固的江心洲范围确定其长度和形式。以往的整治工程只注重发挥鱼嘴的整治功能，而忽略了其本身所具备生态功能的挖掘。

鱼嘴本身是一种圆弧形的顺坝或护岸结构，其修筑为迅速实现理想的整治效果通常紧贴洲头布置，目的是实现守护结构后方泥沙的迅速落淤和发育。其实，鱼嘴后方所形成的缓流区是河道当中难得的静水环境。坝后形成半封闭的静水区域，构造出急流-缓流交替的多样化流场，为生物栖息提供庇护场地；洪水季水流漫过坝体，在坝体下游形成局部冲坑，水深相对较深，可以为鱼类提供越冬场地；坝后淤积水下浅滩，水深较浅（不大于1.5m），水流相对较缓，光照充足，水温适宜，利于水生植物生长。如图4.2-3所示为美国密西西比河上的类似我国鱼嘴建筑物的blunt nosed chevron。

图4.2-3　美国密西西比河上的类似我国鱼嘴建筑物的blunt nosed chevron

（摘自：Inland Navigation Channel Training Works，ASCE MOP，Task Committee of the Waterways Committee of the Coasts，Oceans，Ports，and Rivers Institute，American Society of Civil Engineers. 2013）

（3）格坝

格坝是连接顺坝与岸的横向建筑物，其功能为加速顺坝坝田淤积，防止边坡或河岸受冲刷，高程比顺坝顶略低。顺坝所围成的半封闭水域尚能保留与主槽的连通，但格坝修筑则完全阻隔了此种连通，不仅水流无法实现连通，而且生物通道也被完全切断，进而格坝坝田会淤积发育成滩体，最终挤占自然河流的边滩空间。如图4.2-4所示为赤水河土城段顺坝与格坝。

图4.2-4　赤水河土城段顺坝与格坝

（4）锁坝/潜坝

横跨汊道河槽或串沟，以限制其发展的坝体建筑物。根据锁坝的不同作用，可将锁坝分为堵汊锁坝、导流锁坝和壅水潜（锁）坝三大类。前两者分别建在支汊内河支汊进口处，后者建在主河槽内，为锁坝的一种特殊形式。布置在分汊河道中的支汊或串沟内的锁坝，堵塞支汊或限制串沟发展，集中流量冲刷通航汊道，增加航道的宽度和深度。如图4.2-5所示为长江中游周天水道（左）和罗湖洲水道（右）潜（锁）坝。

图4.2-5　长江中游周天水道（左）和罗湖洲水道（右）潜（锁）坝

锁坝工程堵塞汊道、串沟，限制汊道、串沟的水体流动，水流变缓、泥沙落淤，汊道、串沟萎缩。通常汊道、串沟作为非通航水域，是水生生物特别是鱼类躲避过往船舶、觅食、繁殖和栖息的良好生境。汊道、串沟的萎缩将压缩水生生物自然栖息空间。

4.2.2　护滩与护底的生态效应

护滩带是用于守护滩体的条状建筑物。护底带是用于限制汊道或深槽发展的条状建筑物。护滩与护底通常由压载和可贴合河床变形的排体组成。根据材料不同，排体可分为柴排和土工织物软体排两大类。压载体可以是块石、砂枕、石笼，也可以是混凝土预制块或透水框架。依据压载方式的不同，可分为散抛压载、系结压载及沙被式压载。如图4.2-6所示为长江下游安庆水道大型护滩带。

图4.2-6　长江下游安庆水道大型护滩带

最初采用的柴排整体性、柔韧性和抗冲性都比较好，且能适应河床的冲刷变形，保持水体与河床底质的交换，且不影响生物着生附着。但随着物料来源紧张，已基本上被土工织物软体排所取代。土工织物软体排采用聚丙烯（PP）纤维、聚乙烯（PE）纤维、聚酯（PER）纤维和聚酰胺（PA）纤维等化工材料制造的土工织物（布）而成，除去材料本身的不环保之外，河床底质被大面积的土工织物（布）所覆盖，影响了水体与河床底质的水土交换，且不利于生物着生附着。

压载体所采用的混凝土预制块系结、铰链、联锁或沙被式压载块，其滩面促淤性、生态性，甚至是美观性都较差。近年来，在长江航道整治中所采用的透水框架、箱式网状等压载体在较好发挥滩面促淤的同时，能够在滩面构造出多样的流态特征，同时还能为水生生物营造微生境空间。长期的泥沙落淤为水生植物和微生物附着提供了基质，微生境空间的营造吸引鱼类等水生动物前来栖息。长江中游荆江河段护滩压载体如图 4.2-7、图 4.2-8 所示。

图 4.2-7　长江中游荆江河段四面六边体透水框架护滩压载体

图 4.2-8　长江中游荆江河段透水框架、石笼网箱护滩压载体

4.2.3 护岸的生态效应

平顺护岸用抗冲材料平顺覆盖河岸及其坡脚,以抗御水流冲刷的护岸措施。一般可分为斜坡式和直立式两大类。平顺护岸对近岸水流流速、流态并无明显影响。但硬质化的人工护岸使河岸丧失了"可渗透性",石质或混凝土护岸基质不利于水生植物生长和微生物附着。并且硬质护岸破坏自然护岸近岸生境,使岸坡植被减少甚至消失,使鱼类丧失了遮阴和栖息的场所。如图4.2-9所示为长江中游荆江河段钢丝石笼和植草护坡。

图4.2-9 长江中游荆江河段钢丝石笼和植草护坡

护岸工程通常需要配合从坡脚延伸至河道深槽的护底,护岸工程的生态效应既有好的影响,也有不利的短期和长期的影响:

比如护岸工程可以增强河岸稳定性、限制横向冲刷,减少崩岸,从而减少因河岸崩塌所造成的泥沙浓度增加;不利的短期影响主要集中在施工期,比如施工船舶、设备机械、工艺措施所引起的水中悬浮物浓度增加、浮游生物、鱼类生境受损、油污泄漏、水中噪声增加、对豚类的声呐系统造成干扰、鱼类受到惊扰等方面;不利的长期影响体现在阻隔水-陆的水文连通和生物联系、降低岸坡植被及微生物的净化功能、底栖生物栖息生境部分丧失、底栖动物的种类和数量下降、水生维管束植物生境受损、影响产沉性卵或黏性卵鱼类的繁殖发育等方面。

4.2.4 裁弯工程的生态效应

裁弯工程是在航道弯曲半径较小的河段,从河湾狭颈处开挖新槽,并促其发展,以取代原航道,缩短航程的工程措施。又称人工裁弯。

裁弯工程实施后原河道成为故道,失去了与河道原有的连通,但其保留了天然河道的地理和水文条件特性,是水生生物人工繁育、栖息的理想场所。例如1972年自然裁弯的长江天鹅洲故道是白鳍豚和长江江豚迁地保护的理想场地,已经设定为天鹅洲白鳍豚国家级自然保护区。

4.3 疏浚吹填工程

疏浚是采用机械、水力、人力等方法进行的水下土石方开挖作业方式。吹填是采用泥泵和排泥管线将泥沙输送到指定地点的作业方式。

航道疏浚有机械疏浚和水力疏浚两种方式。机械疏浚采用链斗、抓斗、铲斗挖泥船作业；水力疏浚采用耙吸、绞吸、斗轮、吸盘挖泥船作业。淤泥和沙质底质通常有软体底栖动物栖息，砂卵石底质通常有沉黏性卵附着。疏浚作业直接开挖自然河床，对自然河床原有的河床底质和其间夹杂的微生物、底栖软体动物造成扰动，疏浚作业本身会造成底泥悬浮，增加水体含沙浓度，影响水体的含氧量，水体浑浊影响透光率。作业扰动的悬浮物随水流输移，或通过旁通施工、边抛施工又二次进入水体，再次向周围扩散，同样会对上下游邻近河段床面形态和水生生物栖息产生影响。目前有航道工程疏浚作用采用防污屏、防污帘将疏浚区域围起来，以限制施工水域悬浮物的进一步扩散，取得了较好的生态环境效果。

疏浚物吹填作业对抛投区域的选择有严格的要求，因为底泥通常含有重金属沉积，需通过底泥无害化处理将底泥中含有的污染物进行处理，或通过环保防渗漏措施将疏浚物暂时存放。疏浚底泥污染物的泄漏可能会对抛投储放区域的植物、地下水造成危害。如图 4.3-1 所示为长江干线疏浚作业与疏浚船。

图 4.3-1　长江干线疏浚作业与疏浚船

4.4 航道清礁工程

清礁工程是为整治航道、改善航行条件而实施的礁石破碎和清除的作业。以往常采用炸药爆破的作业方式，但爆破作业对作业人员安全构成威胁，且其对包含鱼类在内的生态环境破坏较大，近年来，在具备条件的河段利用机械设备，采用冲击、切削等措施对礁石进行破碎作业。

清礁工程对生态环境的影响主要集中在施工阶段，炸药钻孔、起爆所产生的冲击波和噪声对工程河段鱼类造成直接损伤，碎石散落可能会伤及鱼类和水生植物，爆破后的散碎礁石清理可能会对底栖生物及其生存的底质环境造成影响。远期来看，河道中礁石清除使局部河段的流态和水深发生改变，且河道中礁石因其周围流态紊乱、水深多样，有机物富集，通常是水生生物重要的栖息场地，礁石清除使水生生物丧失了重要的栖息地。

5 贵州生态航道建设指标体系

5.1 构建原则

(1) 立足水运工程行业,面向工程建设过程。

本指标体系的使用对象是省级航道主管部门,航道投资、设计和施工企业,熟悉水运交通的发展状况、工程建设程序和过程。指标体系的构建应考虑服务对象,围绕航道工程建设阶段所涉及的规划可研、工程设计和工程施工,不包括工程建设后期的管养和维护。针对的是航道基础设施建设期,而不包含基础设施运维期间的生态保护。

(2) 以工程内容分类,便于工程与生态融合。

指标体系构建以航道工程建设所包含的建设内容作为分类依据,针对每一项建设内容的生态保护要求、目标和措施的可行性,提出该项内容的生态保护指标。从而便于水运行业参与人员理解该项工程的生态保护要求和内容,以所提指标为建设标准,结合自身所熟悉的工程建设内容,举一反三,明确保护重点,更好地实现工程与生态的融合。

(3) 区别于环境保护,突出生物保护为主的生态建设。

以往的环境保护多是以人类生存所依赖的大气、水、噪声等污染防治为主,在工程建设前期进行建设项目环境影响评价,尽管对生物生态有所涉及,但并不是环境影响评价的主要方面,或评价的深度和广度有待商榷。不同于环境保护,生态保护比环境保护更进一步,着重强调包括人类在内的生物与周围非生物要素作为一个有机整体的结构完整与功能稳定。

(4) 以重要保护物种为切入,重点处理工程与物种生境需求间的关系。

当下生态保护已成为水运行业可持续发展的必然选择,但对如何开展生态保护仍存在疑惑。本指标体系构建明确以河流珍稀、特有、濒危和具有重要经济和生物价值的保护生物(水生植物和鱼类等)为对象,明确航道工程生态建设的生态保护目标、保护内容及其适宜生境的保护标准,使航道工程生态保护有的放矢,有重点可抓。

5.2 构建方法

筛选出的指标应能够通过监测、模拟、调查和统计等手段，反映航道工程实施对生态系统健康状态，特别是保护物种生境影响的动态变化，能够明确体现航道工程人类活动对河流的正负影响。因此，指标选取基于航道工程活动对河流水文、水动力、水质、地貌形态等非生物生境改变的事实，以栖息生境条件为纽带，建立起航道工程与主要生物保护之间的桥梁。指标体系的构建方法如下。

（1）规划可研阶段，依据通航河段生态约束，确定河段生物生境保护要求。

①生态环境敏感目标识别。在航道规划可研阶段，需要在以往常规航道规划考虑因素之外，加入生态环境敏感目标的生态约束因素，通过掌握航道直接穿越或航道工程建设可能影响到的生态环境敏感目标（主要包括自然保护区、风景名胜区、地质公园、文物保护单位、水源地保护区、湿地和水产种质资源保护区等），意在筛选出航道工程建设所面临的生态约束，该指标是工程生态保护的总要求。

②保护物种及其生境指标。生物作为生态系统两要素之一，是生态保护的最终对象，通过改善目标生物的生境条件，提高生物的栖息质量进而为生物种群规模扩大，乃至生物多样性的提高创造条件，是生态建设的题中之义。明确通航河段的保护物种，掌握该物种的生理行为习性，提出该物种栖息繁殖所需要的生境条件（包括水深、流速、底质、水温、涨落水等），从而将生态保护的目标范围进一步细化。该指标是工程生态保护的目标细化。

③保护物种栖息地目标。航道工程建设可能会对河道中物种栖息地的质量和数量造成影响，为便于开展工程对河流栖息地影响评价，量化航道工程建设对栖息地所产生的影响，摸清河流通航河段栖息地（包括鱼类"三场"）的位置、分布和面积大小，进而提出通航河段总体的栖息地维持目标（比如公顷/公里），对于后续的工程生态保护设计和施工，以及工程生态建设后评估均具有重要意义。

（2）设计阶段，依据航道工程设计内容，确定各类型工程生态保护技术要求。

①航道选线与尺度调整。航道工程不可避免要从河道中穿越，占用河道天然水域空间。通常河道内散布鱼类"三场"，取水口位于河道一侧，航道选线尽可能主动绕开取水口、鱼类"三场"等敏感目标，抑或将局部河段航宽变窄，变双向通航为单向通航，不占用或少占用河道面积。在分汊河段面临左右汊道选择和汊道利用的问题，尽可能只利用一侧汊道，保留其他汊道的自然状态。

②工程占用面积最优。从整治工程、疏浚和清礁工程对河流自然空间造成扰动的角度出发，在工程设计平面布置阶段，实现通航功能的同时，主动调整各类工程所占的比重，通过多方案占用面积比选，选择工程占用面积最小的方案。

③栖息地空间重构。栖息地保护是通航河流生态保护的一项重要内容，航道工程实施前后，工程河段栖息地面积能够保留在较高的水平之上，从形态上为水生生物栖息提供必要的生境条件。工程实施需要遵循不占用-少占用-占用补偿的建设思路在通航河段内进行栖息地重构。

④过鱼设施。山区河流以建设发电、防洪为主的高坝大库居多，建设以通航为主的渠化枢纽可能会阻断河流上下游的水力连续性和生物通道，对于通过水生态调查确定有鱼类洄游的河段，应增设鱼道或升鱼机等过鱼设施。

⑤生态型结构。整治工程需要借助整治建筑物的束水、导流作用，以实现相应的整治功能，以往的整治建筑物过于强调结构物自身的刚度和耐久性，而忽略了河流自身连通性、透水性方面的需要。此外，大型整治建筑物往往体积较大，整治结构自身或结构构件之间具备生物栖息的条件。需要采用带孔隙或孔洞的透空混凝土预制或钢丝网笼等透水且能够营造微生境适宜生物栖息繁殖的结构。

⑥生态型材料。同生态型结构一样，整治建筑物材料的透水、环保性能也是河流生态保护的重要方面。包括天然竹木、石材和生态型混凝土、镀高尔凡钢丝及可降解材料等人工材料。

⑦生态型清礁工艺。除传统炸礁方式外，在具备条件的河段采用凿岩锤、重锤、液压破碎锤、钻机、凿岩棒等生态影响小的清礁方式，避免炸礁产生强大的水下冲击波对水生生物造成灭绝性影响。

⑧河床底质恢复与补偿。清礁工程后尽可能恢复河床沙质覆盖层，或进行底质易位补偿。有覆盖层的石质浅滩清礁工程、在工程后河床应尽可能保持底沙存在，以减少对河床底质的改变。无覆盖层的急险滩基岩清礁工程，可充分利用清礁石渣选择附近合适位置设置生态补偿区。

⑨弃渣综合利用。弃渣可用于整治工程以实施生态涵养、生态修复、流态改善；无利用条件时，应上岸处置。弃渣应根据施工河段水生物状况，综合利用弃渣在合适水域设置水态涵养区（产卵场）、人工鱼礁等。

⑩环保疏浚工艺。

⑪储泥坑、抛泥区设置。储泥坑、抛泥区应避开水下建筑物、障碍物和生态环境敏感区，选择与疏浚工程区有航路连通、风浪小、水流平缓的区域。疏浚尾水经收集、沉淀处

理后进入附近设置的沟渠。被污染疏浚土不应就地抛投，应运送至指定地点或进行环保处理。

⑫疏浚土综合利用。疏浚土应抛至指定的区域，禁止乱抛乱弃，可用于疏浚土吹填造陆、生态固滩、营造生物生境或制作相关构件（如沙枕、沙肋、扭王字块等）。

（3）施工阶段，依据航道工程施工流程，确定生态化施工组织技术要求。

①施工船舶防污染。施工船舶排污、泄漏和航行及施工噪声对水生生物栖息所依赖的水质、声环境造成影响。应防止船舶漏油，底仓油污水、固废垃圾排放，对机械噪声污染和水下噪声强度控制。

②施工营地防污染。施工营地生活污水和固体垃圾等废弃物也是河流及其近岸陆域污染的主要来源。具备条件的施工营地生活污水排放应接入排污管网，不具备条件的应集中收集处理。施工营地内配备垃圾桶或设置临时堆放场地，施工结束后清运至附近城市垃圾处理场统一处理或集中收集后送城市垃圾填埋场统一处理。

③施工水域污染控制。该项指标主要针对疏浚施工时所造成的底泥悬浮、施工周围水域泥沙含量大幅增高，需控制浓度扩散可能对水生生物造成的影响。特别是在饮用水水源地或取水口附近水域内疏浚挖泥时，应布设防污屏等减缓对水源的影响。

④施工期避让。鱼类等水生生物繁殖具有固定的期限，在其产卵孵化期间避免施工可以极大地保护鱼类繁殖。合理进行施工组织，水上工程施工应避开鱼类产卵繁殖期及鱼苗摄食育肥期，以及珍稀保护水生动物的活动高峰期。

⑤施工驱鱼。进场前采用超音波驱鱼、对施工区及其邻近水域尤其鱼类产卵场、种质资源保护区和鱼类分布较密集的深潭、回水区进行驱鱼作业。在相对狭窄且鱼类活动频繁的水域施工，进场前应观察确认该水域没有鱼类受困或被施工辅助平台、通道等阻隔。

⑥人工补种和增殖放流。该项指标应区别日常管理的植物补种扶正和增殖放流，属于施工过程中和施工后期的生态补偿措施。人工移植当地的水生维管植物，采取增殖放流措施对受损失的鱼类资源采取必要的补救措施。

5.3 指标体系

针对航道工程建设阶段所涉及的规划可研、工程设计和工程施工3个过程，涵盖保护内容、平面布置、渠化工程、整治工程、清礁工程、疏浚工程、设备工艺和施工组织8项内容，提出21项贵州省生态航道建设指标，见图5.3-1和表5.3-1。

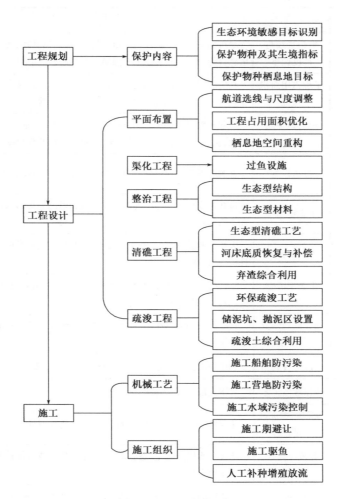

图 5.3-1　贵州省生态航道建设指标体系

贵州省生态航道建设指标体系　　　　　　　　　　　　　　　　　　表 5.3-1

过程层	要素层	序号	指标层	指示内容
规划可研	保护内容	1	生态环境敏感目标识别	航道直接穿越或工程建设可能波及的沿线生态环境敏感目标,包括自然保护区、风景名胜区、地质公园、文物保护单位、水源地保护区、湿地、水产种质资源保护区等
		2	保护物种及其生境指标	珍稀、特有、濒危等保护性水生植物、鱼类对流速、水深、底质类型等栖息环境因子的数量指标
		3	保护物种栖息地目标	河流通航河段保护性物种栖息地(包括鱼类"三场")位置、分布和面积的变迁与现状,单位公里栖息地面积维持目标

续上表

过程层	要素层	序号	指标层	指示内容
工程设计	平面布置	4	航道选线与尺度调整	尽可能只利用一侧汊道,保留其他汊道自然状态,绕开取水口、鱼类三场等敏感目标;必要时,考虑缩窄航宽,局部航段单向通航
		5	工程占用面积最优	在实现通航功能的同时,通过调整整治工程、疏浚和清礁工程的比重,减少工程占用河道面积,通过多方案比对,实现最优
		6	栖息地空间重构	工程布置尽可能少占用自然栖息地,若占用则通过建筑物布置调整营造栖息地,实现工程河段的栖息地重构,栖息地面积保留率在90%以上
	渠化工程	7	过鱼设施	有洄游需求的河段修建鱼道等过鱼设施,恢复生物通道
	整治工程	8	生态型结构	带孔隙或孔洞的透空混凝土预制或钢丝网笼等透水且能够营造微生境适宜生物栖息繁殖的结构
		9	生态型材料	天然竹木、石材和生态型混凝土、镀高尔凡钢丝及可降解材料等人工材料,具备透水、环保性能
	清礁工程	10	生态型清礁工艺	除传统炸礁方式外,在具备条件的河段采用凿岩锤、重锤、液压破碎锤、钻机、凿岩棒等生态影响小的清礁方式
		11	河床底质恢复与补偿	具备条件的河段在清礁工程后尽可能恢复河床沙质覆盖层,或进行底质易位补偿
		12	弃渣综合利用	利用弃渣实施生态涵养、生态修复和流态改善等
	疏浚工程	13	环保疏浚工艺	采用先进、环保的疏浚机具和工艺
		14	储泥坑、抛泥区设置	储泥坑、抛泥区的选址与场地防污染、防渗漏处置
		15	疏浚土综合利用	疏浚土吹填造陆、生态固滩、营造生物生境或制作相关构件(如沙枕、沙肋、扭王字块等)
施工	机械工艺	16	施工船舶防污染	防止船舶漏油,底仓油污水、固废垃圾处置,机械噪声污染防治,水下噪声强度控制
		17	施工营地防污染	施工营地生活污水、固废垃圾处置
		18	施工水域污染控制	在饮用水水源地或取水口附近水域内疏浚挖泥时,应布设防污屏等减缓对水源的影响
	施工组织	19	施工期避让	合理进行施工组织,工程水上施工应避开鱼类产卵繁殖期及鱼苗摄食育肥期,以及珍稀保护水生动物的活动高峰期
		20	施工驱鱼	进场前采用超音波驱鱼、对施工区及其邻近水域尤其鱼类产卵场、种质资源保护区和鱼类分布较密集的深潭、回水区进行驱鱼作业。在相对狭窄且鱼类活动频繁的水域施工,进场前应观察确认该水域没有鱼类受困或被施工辅助平台、通道等阻隔
		21	人工补种增殖放流	人工移植当地的水生维管植物,采取增殖放流的措施对受损失的鱼类资源采取必要的补救措施

6 生态航道指标特征分析与指标获取方法

6.1 指标特征分析

本指标体系提出21项工程建设生态保护关键指标,按工程建设阶段所涉及的工程分类包含8项内容。

6.1.1 生态保护内容指标

(1) 生态环境敏感目标识别

该项指标为国家、贵州省依法划定或设立的区域、点位,具有法律法规强制性的特征。航道工程建设应依据所涉及的各类型生态环境敏感目标,使其符合或相关规定。主要包括:

① 《中华人民共和国自然保护区条例》(国务院令第167号);
② 《国务院关于印发国家级自然保护区调整管理规定的通知》(国函〔2013〕129号);
③ 《风景名胜区条例》(国务院令第474号);
④ 《贵州省风景名胜区条例》(2017年修正本);
⑤ 《中华人民共和国文物保护法》(国务院令第377号);
⑥ 《贵州省文物保护管理办法》(2005年修订);
⑦ 《中华人民共和国水污染防治法》(2017年修订);
⑧ 《贵州省水污染防治条例》(2018年修订);
⑨ 《贵州省饮用水水源环境保护办法》(2018年修订);
⑩ 《湿地保护管理规定》(2013年);
⑪ 《贵州省湿地保护条例》(2015年修订);
⑫ 《水产种质资源保护区管理暂行办法》(农业部令〔2011〕第1号)。

(2) 保护物种及其生境指标

该指标包含两个方面,其一是保护物种的确定,其二是提出该保护物种适宜生境指标。保护物种可以是植物、野生动物、鱼类和鸟类等，该物种的选取能总体上代表该河段的整体生态状况，具有一定的代表性和指示作用，通常从水生生物学专业角度选取相对处于食物链顶端的高等级鱼类或鸟类作为代表，因为，高等级生物生存状况的好坏能反映整个食物链、食物网系统的物质和信息流通状态。自然界每个物种具有其各自独特的生活和生理习性，对其生长繁育的生存环境有各自独特的要求。主要的生境环境因子包括水温、水质、溶解氧浓度、流速、水深、底质、含沙量、地貌形态以及水位涨落变幅等方面，定性地了解某个物种对某项环境因子的生理和行为反应还远远不够，为服务航道工程生态保护，需要指出主要环境因子适宜某个物种繁殖、觅食、越冬或洄游的数量关系。

（3）保护物种栖息地目标

该指标通过统计调查分析出通航河流整体的栖息地分布和数量状况，以此为参照，提出该通航河流将维持的栖息地水平，未来作为评价航道工程栖息地保护状况的重要准则或标准。该指标的确定需要涉水开发利用、生物保护、地方政府和公众等跨专业、多部门多方参与联合确定，作为反映通航河流生态状况的一项重要指标，从而约束各个行业的开发利用强度，类似于河流承载力在栖息地维持关键物种生境方面的承载能力。

6.1.2　平面布置指标

（1）航道选线与尺度调整

该指标为航道工程平面布置中结合航道线位设计的生态表达。指标将前述生态环境敏感的内容纳入航道线位选择、走势和局部航宽的生态适应性调整。需论证航线生态选线后牵涉到的弯曲半径、动力轴线、整治和维护疏浚工程量、航宽缩窄位置航道通过能力，以及工程投资方面的变化。

（2）工程占用面积最优

该指标基于河流通航空间与生态空间此消彼长的对立关系，以航道工程少占一寸河道，河流生物将多一寸空间为原则，尽可能地控制整治工程、清礁和疏浚工程所占用的河道面积，在工程平面布置上，整体优化各工程类型方案和面积数量，以减少工程对河流生态的直接影响。

（3）栖息地空间重构

该指标以工程河段栖息地面积的重新构建衡量航道工程对河流原有栖息地的保留、修复和补偿状况。首先，通过平面布置尽可能少地占有河道原有栖息地面积；其次，通过整治工程平面布局和整治结构微生境修复因工程实施所不得不占用的栖息地；再次，通过原有河道栖息地面积挖潜和工程河段或邻近河段易地营造新的栖息地，以补偿因工程实施所造成的栖息地损失，最终实现通航河流栖息地重构，实现通航河流栖息地目标总体稳定，栖息地重构的总体面积保留率不低于90%。

6.1.3 渠化工程指标

设置过鱼设施，该项指标是航电枢纽恢复河流生物洄游通道的生态保护措施具体到航道工程渠化枢纽方面的生态工程技术，在有洄游需求的通航河流上修建鱼道、升鱼机等过鱼设施是衡量渠化工程生态建设的首要指标。

6.1.4 整治工程指标

（1）生态型结构

该指标指示筑坝、导堤、护岸、护滩和护底等整治建筑物结构自身透水、营造多样流态、促淤和微生境营造方面的生态性能。目前在长江、京杭运河等主要通航河流上已经有许多类似的透空型、自带孔隙和孔洞的混凝土预制构件，或合金钢丝石笼网等适宜生物附着、隐蔽、繁殖产卵和具备植物生长基质的结构形式。

（2）生态型材料

对应于上述第8项指标，该指标指示相应整治建筑物结构选材的生态性能。材料以天然竹、木、卵石、贝壳和石材等材料为上，或者采用近年来广泛采用的生态型混凝土、防腐耐磨的镀高尔凡钢丝或者其他可降解的人工材料等。从材料透水、易附着、可作为有机生长基质的生态属性实现生态保护的功效。

6.1.5 清礁工程指标

（1）生态型清礁工艺

该项指标指示清礁工程的工程设计阶段生态型的清礁方式和工艺的选用和组织设计。意在明确工程设计阶段在具备条件的工程河段，选用凿岩锤、重锤、液压破碎锤、钻机、凿岩棒等生态影响小的清礁方式，从而尽可能降低清礁工程对河流生态的影响。

（2）河床底质恢复与补偿

该项指标指示清礁工程实施之后，原有河床形态和底质遭受破坏，通过恢复原有河床底质类型，或者在邻近河段易地补偿该种底质，特别是对鱼类等水生生物对底质类型依赖程度高的工程河段，该项工作具备较为重要的意义。

（3）弃渣综合利用

该项指标指示清礁工程完工后渣石的资源化、生态化利用。从河床清理的礁石碎渣是天然的石材，可用于河床底质恢复、边滩生态涵养区营造、局部流态改善和石笼充填料等方面。弃渣的利用体现出清礁工程的生态设计。

6.1.6 疏浚工程指标

(1) 环保疏浚工艺

该项指标指示疏浚工程的工程设计阶段生态环保疏浚方式和工艺的选用和组织设计。意在指示疏浚工程采用先进、环保的疏浚机具和工艺。

(2) 储泥坑、抛泥区设置

该项指标指示疏浚工程设计阶段占有河道水域或近岸陆域储泥坑、抛泥区选址和相关防污染、防渗漏措施对生态环境的重要性。

(3) 疏浚土综合利用

该项指标指示疏浚工程完工后疏浚泥的资源化、生态化和防污染处置。从疏浚土吹填造陆、生态固滩、营造生物生境或制作相关构件（如沙枕、沙肋、扭王字块等）方面体现疏浚土的资源化利用，从疏浚土禁止随意抛投方面体现疏浚土污染对生态环境的严重危害。

6.1.7 机械工艺指标

(1) 施工船舶防污染

该指标指示施工船舶在航道工程施工期间船舶本身的环境和生态影响防治内容，包括施工船舶排污、泄漏和航行及施工噪声对水生生物栖息所依赖的水质、声环境造成影响。应防止船舶漏油，底仓油污水、固废垃圾排放，对机械噪声污染和水下噪声强度进行控制。

(2) 施工营地防污染

该指标指示施工期间施工营地内生产和生活设施排放、运行对陆域和邻近水域的生态环境污染防治内容。包括施工营地生活污水、固废垃圾处置。

(3) 施工水域污染控制

该指标指示施工机械在进行水上水下施工期间扰动所引起的相关影响范围的控制与缓解。特别是在饮用水水源地或取水口附近水域内疏浚挖泥时，应布设防污屏等减缓对水源的影响。

6.1.8 施工组织指标

(1) 施工期避让

该指标指示航道工程施工期安排上应考虑工程河段生物繁殖、育幼或特殊类高峰活动需求，从工期时间安排上予以合理避让。

（2）施工驱鱼

该指标指示施工进场前对鱼类进行驱赶和大型鱼类通道受阻等情况，以减缓施工过程对鱼类的损伤。

（3）人工补种增殖放流

该指标指示施工完工后对工程河段原有生物，包括植物和鱼类的补偿性管理措施。

6.2 关键指标获取方法

6.2.1 生态环境敏感目标识别

参照《全国主体功能区规划》，并按照《贵州省主体功能区规划》（黔府发〔2013〕12号）的规定，对贵州国土空间进行功能分区，通过各功能分区的定位和边界、发展目标和方向、开发和管制原则等，掌握贵州省航道开发可能影响的生态环境敏感目标。主体功能区分类及其功能如图6.2-1所示。

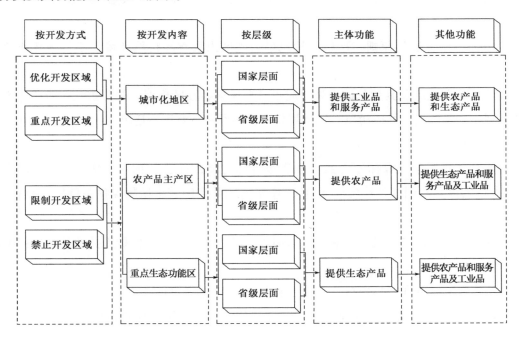

图6.2-1 主体功能区分类及其功能

（1）自然保护区

贵州全省国家级自然保护区9个，省级自然保护区4个，市（州）级自然保护区15个。依据《中华人民共和国自然保护区条例》进行管理。

①划定核心区、缓冲区和实验区，进行分类管理。核心区严禁任何生产建设活动；缓冲区除必要的科学实验活动外，严禁其他任何生产建设活动；实验区除必要的科学实验以及符合自然保护区规划的绿色产业活动，严禁其他生产建设活动。

②交通、通信、电网设施要慎重建设，新建公路、铁路和其他基础设施不得穿越自然保护区的核心区，尽量避免穿越缓冲区，必须穿越的，要符合自然保护区规划，并进行保护区影响专题评价。

（2）文化自然遗产

贵州全省有世界自然遗产地2个、国家自然遗产地3个、国家文化遗产地2个、国家自然文化双遗产地1个，国家级重点文物保护单位39处。依据《保护世界文化和自然遗产公约》《实施世界遗产公约操作指南》《中华人民共和国文物保护法》的规定和原则进行管理。

加强对文化自然遗产地原真性的保护，保持遗产在历史、科学、艺术和社会等方面的特殊价值。加强对遗产完整性的保护，保持遗产未被人扰动过的原始状态。

（3）风景名胜区

贵州全省有国家级风景名胜区18个和省级风景名胜区53个。依据《风景名胜区条例》进行管理。

①根据协调发展的原则，严格保护风景名胜区内景物和自然环境，不得破坏或随意改变。

②建设旅游设施及其他基础设施等应当符合风景名胜区规划，并与景观相协调，不得破坏景观、污染环境、妨碍游览。违反规划建设的设施，要逐步迁出。

（4）森林公园

贵州全省有国家级森林公园22个和省级森林公园27个。依据《中华人民共和国森林法》《中华人民共和国森林法实施条例》《中华人民共和国野生植物保护条例》《森林公园管理办法》进行管理。

①森林公园内除必要的保护和附属设施外，禁止从事与资源保护无关的其他任何生产建设活动。

②禁止毁林开荒和毁林采石、采砂、采土以及其他毁林行为。

③建设旅游设施及其他设施必须符合森林公园规划。违反规划建设的设施，要逐步迁出。

（5）地质公园

贵州全省有国家级地质公园10个和省级地质公园3个。依据《世界地质公园网络工作指南》《关于加强国家地质公园管理的通知》进行管理。

①地质公园内除必要的保护和附属设施外，禁止其他任何生产建设活动。

②禁止在地质公园和可能对地质公园造成影响的周边地区进行采石、取土、开矿、放牧、砍伐以及其他对保护对象有损害的活动。

（6）贵州全省有重要水源地保护区129个。依据《中华人民共和国水法》等法律规定进行管理。

在重要水源地保护区内，加强日常监管，开展水源地达标建设。禁止从事可能污染饮用水源的活动，禁止开展与保护水源无关的建设项目。在水源地一级保护区内禁建，二级保护区内禁设排污口。禁止一切破坏水环境生态平衡的活动以及破坏水源林、护岸林、与水源保护相关植被的活动。任何单位和个人在水源保护区内进行建设活动，都应征得供水单位的同意和水行政主管部门的批准。

（7）重要湿地和湿地公园

贵州全省有国家重要湿地2个和国家湿地公园4个。依据《湿地公约》《国务院办公厅关于加强湿地保护管理的通知》（国办发〔2004〕50号）、《中国湿地保护行动计划》《国家林业局关于印发〈国家湿地公园管理办法（试行）〉的通知》进行管理。

①严格控制开发占用自然湿地，凡是列入国家重要湿地名录以及位于自然保护区内的自然湿地，一律禁止开垦占用或随意改变用途。

②禁止在国家重要湿地、国家湿地公园内从事与保护湿地生态系统不符的生产活动。

（8）水产种质资源保护区

贵州全省有国家级水产种质资源保护区24个（截至2019年底）和省级水产种质资源保护区2个。依据《水产种质资源保护区管理暂行办法》（中华人民共和国农业部令2011年第1号）的规定进行管理。

①按核心区和实验区分类管理。核心区内严禁从事任何生产建设活动；在实验区内从事修建水利工程、疏浚航道、建闸筑坝、勘探和开采矿产资源、港口建设等工程建设的，或者在水产种质资源保护区外从事可能损害保护区功能的工程建设活动的，应当按照国家有关规定编制建设项目对水产种质资源保护区的影响专题论证报告，并将其纳入环境影响评价报告书。

②水产种质资源保护区特别保护期内不得从事捕捞、爆破作业，以及其他可能对保护区内生物资源和生态环境造成损害的活动。

6.2.2 保护物种及其生境指标

通常，自然保护区和水产种质资源保护区都会明确指出主要保护对象、其他保护对象及其特别保护期。所保护的物种均由林业、国土、农业、环保和水利等相关行业通过大量的专业调查和研究确定。通航河流的保护物种对象的确定应参照该保护对象确定。

比如长江上游珍稀特有鱼类国家级自然保护区赤水河段的主要保护对象为长江鲟、四川华鳊、圆口铜鱼、岩原鲤等36种仅分布于长江上游地区的特有鱼类。

又比如乌江黄颡鱼国家级水产种质资源保护区主要保护对象为黄颡鱼，其他保护对象包括大口鲶、中华倒刺鲃、白甲鱼、泉水鱼、铜鱼、瓣结鱼、瓦氏黄颡鱼、光泽黄颡鱼、岔尾黄颡鱼等。特别保护期为每年2月1日至8月31日。

鱼类栖息地生境标准多采用由美国渔业及野生动物署提出的河道内流量增量法（Instream Flow Incremental Methodology，IFIM），该方法主要依据栖息地适宜度标准，利用所测量的栖息地物理特征变量来量化物种对不同品质栖息地的喜好程度，通常以0～1的数值范围来描述栖息地适宜度指数（Habitat Suitability Index，HSI），其中，0代表完全不适合目标物种的栖息地状况，1代表最适合目标物种的栖息地状况，而0～1之间的数值代表不同状况的栖息地适宜度水平，值越大代表适宜度状况越好。建立栖息地适宜度标准的目的是用量化的数值来表示或预测物种对其所生存环境（生境）的反应。栖息地适宜度指数的基本假设是物种会选择与使用最能满足其生活需求的环境，而最频繁的使用出现在最高品质的栖息地。栖息地适宜度指数的定义为：

$$栖息地适宜度指数 = \frac{最适宜栖息地状况}{研究区域栖息地状况}$$

通过目标物种所需的不同环境变量栖息地适宜度因子的组合，可计算出研究河段内适合鱼类生存的加权适宜栖息地面积（Weighted Usable Area，WUA）与流量之间的关系，河流管理者则可借此决定保护物种的生态基准流量，进而运用于工程设计内，栖息地适宜度曲线（Habitat Suitability Curve，HSC）的建立有赖于鱼类生态基础资料调查的正确性。

例如长江中华鲟产卵栖息地正是系统化地整理资料并适时对鱼类生境加以分析，综合国内专家对中华鲟产卵栖息地的生态调查研究成果而得出的。

IFIM把建立适宜度曲线的标准分为两类：第一类标准是专家建议法，该法是依据个人的经验和专家的建议或者通过协商讨论来定义的标准，这种方法的成本较低，但缺点是适宜度的标准是凭经验而不是实际的数据得出的。第二类标准是实测法，该法基于目标物种的生态栖息地各种属性变量的频数分布建立，这种标准被称为栖息地使用功能标准，因为其反映了目标物种所占据的栖息地状况。

依据专家建议法，通过对葛洲坝下游中华鲟产卵场不同时段的调查，得出中华鲟亲鱼产卵所需的不同栖息地物理变量所对应的最佳范围和阈值范围，见表6.2-1。中华鲟栖息地适宜度曲线见图6.2-2。

中华鲟亲鱼产卵阶段的栖息地变量特征　　　　　　表6.2-1

影响产卵变量	参考文献	选择原因	适宜范围
水温	长江鲟鱼类研究	水温决定中华鲟产卵季节的上下限,温度到一定范围内才开始产卵	最佳:18~20摄氏度 阈值:15~21摄氏度
水位	危起伟2003	水位决定产卵场的面积,且同时影响含沙量和流速	最佳:42~45米 阈值:40~50米
退水率	长江鲟鱼类研究	退水率能刺激鲟鱼性腺发育	上下波动范围 ±0.2米/天
河床底质	长江鲟鱼类研究 顾孝连2007	鲟鱼卵属于沉性卵,需要黏附在河床的卵石上孵化	最佳:100~120毫米 阈值:0.82~130毫米
平均流速	危起伟2003	产卵时流速急缓与卵黏着的难易程度有关,流速过大会对鱼卵造成损伤	最佳:1.0~1.66米/秒 阈值:1.0~2.0米/秒

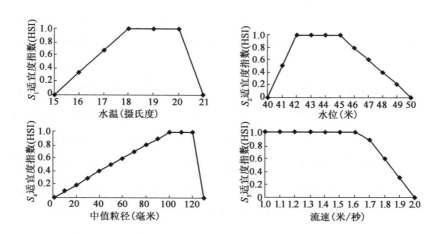

图6.2-2　专家建议法确定的中华鲟栖息地适宜度曲线

栖息地生境指标的研究可作为物理栖息地模拟中计算通航河流保护物种在不同整治工程设计方案所对应的物理栖息地加权适宜面积的适宜度标准,进而可对整治工程的设计方案进行优化。

6.2.3 保护物种栖息地目标

在明确保护物种栖息地指标之后,应根据通航河流物种栖息地的状况,提出通航河流栖息地保护的总体目标，作为统筹通航河流各项人类活动的总体要求。此处可参考美国密苏里河针对密苏里浅色鲟鱼所提出的栖息地恢复目标。

密苏里河发源于美国西北部落基山脉东麓，流经蒙大拿、北达科他、南达科他、内布拉斯加、艾奥瓦、堪萨斯和密苏里7个州，在圣路易斯汇入密西西比河，是密西西比河最长的支流，全长3767公里，流域面积137万平方公里。

自19世纪初以来，密苏里河即扮演着美国东西部运输通道的重要作用。经过对密苏里河近80年来的系统化治理，在取得巨大社会和经济效益的同时，河流的水文节律、河道输沙、河床形态、生物资源等也在发生巨大的改变。干流水库群调节缩小了河流洪枯季节的水量差异，改变了河流天然的水文节律，大坝拦截了上游约3/4的悬移质输沙（据密苏里州Hermann监测断面显示悬移质输沙量由蓄水前的每年3.25亿吨减小至每年7500万吨）。治理工程的实施使下游河道流程缩短了近10%，河道宽度变幅从历史上的365~3218米缩减至183~335米，局部河段水域面积减小近80%。主河槽与洪水边滩的水力连通度降低甚至完全丧失，栖息地面积损失近522000英亩，从历史上每英里100英亩（25公顷/公里）的水平降低至每英里不足5英亩（1.26公顷/公里）。作为水生态系统食物链关键环节的水生昆虫减少了70%，67种本土鱼类中的51种渔获量已经稀有或正在减少，其中，密苏里铲鲟（Pallid Sturgeon）和黄嘴燕鸥（Least Terns）被列为濒危物种，笛鸻（Piping Plovers）被列为近危物种，以密苏里河为主要栖息场所的密苏里铲鲟是密西西比河流域被列为濒危物种的第一种鱼类。

美国鱼类与野生动植物管理局（USFWS）于2003年发布修订版的生物意见书（Biological Opinion，BiOp），明确指出为密苏里河3种濒危生物营造栖息地，包括适宜密苏里铲鲟的浅水栖息地（Shallow Water Habitat，SWH）和适宜黄嘴燕鸥、笛鸻的出露沙洲栖息地（Emergent Sandbar Habitat，ESH）。意见书对浅水栖息地进行了定义，从生物行为学角度提出了适宜铲鲟栖息的生境条件标准，以便于为栖息地营造和评价提供标准。其所提出的浅水栖息地是8月日均流量综合历时曲线中值数所对应的水深不大于5英尺（1.5米）、流速不大于2英尺/秒（0.6米/秒）的水域，计划2020年浅水栖息地恢复面积至少达到的20~30英亩/英里（5~7.5公顷/公里）的目标水平。

截至2016年底，USACE已通过赎买和划拨形式，获得土地面积66332.87英亩，占栖息地建设面积的40%，分布在内布拉斯加、艾奥瓦、堪萨斯和密苏里4个州的74处河段。截至2015年底，已完成浅水栖息地恢复面积11832英亩，按最初20英亩/英里的最低目标，753英里河段共需建设浅水栖息地15060英亩，完成度达79%。美国密苏里河栖息地恢复目标见表6.2-2。

美国密苏里河栖息地恢复目标   表 6.2-2

州名	丧失生境总数（英亩）	修复目标（英亩）	有偿获得的土地（英亩）	捐赠获得的土地（英亩）	修复项目获得总面积（英亩）	完成百分比（%）	洪泛区总面积（英亩）	占洪泛区百分比（%）
密苏里	304900	104741	27048.98	7336.90	34385.88	33	1091.694	3.15
堪萨斯	55100	11632	6079.87	—	6079.87	52	53668	11.3
艾奥瓦	65400	23725	11230.66	4047.49	15278.15	64	632667	2.4
内布拉斯加	96600	26652	10125.93	463.04	10588.97	40	291373	3.6
合计	522000	166750	54485.44	11847.43	66332.87	40	2069403	3.2

6.2.4　工程占用面积最优

工程占用面积最优包括整治工程、清礁和疏浚工程占用栖息地面积最小。通过统计航道工程方案采用各工程类型所占用的栖息地面积大小确定。

6.2.5　栖息地空间重构

以栖息地生境指标为标准，采用数值模型的手段对航道工程不同方案可能产生的栖息地面积变化进行预测，分析统计栖息地面积增减，初步提出栖息地面积保留率不低于90%的目标。

图 6.2-3 显示了某工程河段栖息地面积变化，河段栖息地面积由整治工程前占整个工程河段面积的13.48%，减少至常规整治工程占比的11.69%，通过生态整治栖息地面积恢复至13.41%。

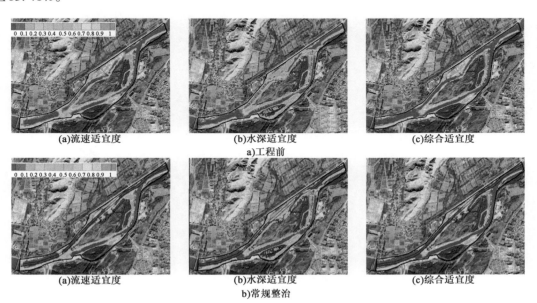

图　6.2-3

(a)流速适宜度　　　　　　(b)水深适宜度　　　　　　(c)综合适宜度
c)生态整治

图 6.2-3　某工程河段栖息地面积变化

6.2.6　河床底质恢复与补偿

该项指标是常规航道清礁工程为缓解工程生态影响的额外部分，通过统计清礁工程实施后河床底质的恢复与补偿面积，可作为该部分工程生态保护的成果。

参 考 文 献

[1] 亚洲开发银行. 推动中华人民共和国内河航运发展[R/OL]. (2016-08)[2024-09-01]. https://www.adb.org/zh/publications/promoting-inland-waterway-transport-prc.

[2] 交通运输部. 交通运输部关于在互联网上公开水运工程行业标准的公告[EB/OL]. (2017-08-30)[2024-09-01]. https://xxgk.mot.gov.cn/jigou/syj/202006/t20200623_3313938.html.

[3] BARBOUR M, GERRITSEN J, SNYDER B, et al. Rapid bio-assessment protocols for use in streamsand wadeable rivers:Periphyton, Benthic Macro-invertebrates, and Fish(2nd edition)[EB/OL]. EPA841-B-99-002. http://www.epa.gov/OWOW/monitoring/techmon.

[4] European Community. Directive EC of the European Parliament and of the Council[J]. Official Journal of the European Communities, 2000, 1-72.

[5] PARSONS M, RANSOM G, THOMAS M, et al. Australian river assessment system:AusRivAS physical and chemical assessment module[J]. Canberra: Environmental Australia, 2001, 1-47.

[6] CLARKE R T, WRIGHT J F, FURSE M T. RIVPACS models for predicting the expected macro-invertebrate fauna and assessing the ecological quality of rivers[J]. Ecological Modeling, 2003(160):219-233.

[7] KAMP U, BINDER W, HOLZL K. River habitat monitoring and assessment in Germany[J]. Environment Monitor Assessment, 2007(127):209-226.

[8] 李国英. 黄河治理的终极目标是维持黄河健康生命[J]. 人民黄河, 2005, 26(1):5-7.

[9] 蔡其华. 维护健康长江促进人水和谐[J]. 人民长江, 2005, 36(3):1-3.

[10] 金占伟, 李向阳, 林木隆, 等. 健康珠江评价指标体系研究[J]. 人民珠江, 2009(1):20-22.

[11] 许鹏山, 徐乐华. 甘肃省生态航道建设思考[J]. 水运工程, 2010(9):87-91.

[12] 朱孔贤, 蒋敏, 黎礼刚, 等. 生态航道层次分析评价指标体系初探[J]. 中国水运·航道科技, 2016(2):10-14.

[13] 李天宏, 丁瑶, 倪晋仁, 等. 长江中游荆江河段生态航道评价研究[J]. 应用基础与工程科学学

报,2017,25(2):221-234.

[14] 董哲仁,孙东亚. 生态水利工程原理与技术[M]. 北京:中国水利水电出版社,2007.

[15] 王超,夏军,李凌程. 河流健康评价研究与进展[J]. 水资源研究,2014(3):189-197.

[16] 冯彦,何大明,杨丽萍. 河流健康评价的主评指标筛选[J]. 地理研究,2012,31(3):389-398.

[17] 唐涛,蔡庆华,刘建康. 河流生态系统健康及其评价[J]. 应用生态学报,2002,13(9):1191-1194.

[18] 于伯华,吕昌河. 基于DPSIR模型的农业土地资源持续利用评价[J]. 农业工程学报,2008,24(9):53-58.

[19] 朱党生,张建永,廖文根,等. 水规划可研设计关键生态指标体系[J]. 水科学进展,2010,21(4):560-566.

[20] 高越. 内河航运的地位不可替代[J]. 交通与运输,2011,27(3):27.

[21] 刘均卫. 长江生态航道发展探析[J]. 长江流域资源与环境,2015,24(1):9-14.

[22] 陈一瑶,施俊羽,周薛凯. 生态航道建设的现状及发展趋势分析[J]. 中国水运,2014,14(11):78-79.

[23] 闵凤阳,黄伟,王家生,等. 浅谈生态河道治理与生态航道建设的关系[J]. 中国水运·航道科技,2016(2):6-9.

[24] 雷国平. 长江生态航道建设关键技术需求研究[J]. 中国水运·航道科技,2016(3):14-19.

[25] FRISSELL C A,LISS W J,WARREN C E, et al. A hierarchical framework for stream habitat classification:viewing streams in a watershed context[J]. Environmental Management,1986(10):199-214.

[26] 孟伟,张远,渠晓东,等. 河流生态调查技术方法[M]. 北京:科学出版社,2011.

[27] 郝弟,张淑荣,丁爱中,等. 河流生态系统服务功能研究进展[J]. 南水北调与水利科技,2012,10(1):106-111.

[28] 栾建国,陈文祥. 河流生态系统的典型特征和服务功能[J]. 人民长江,2004,35(9):41-43.

[29] 杨海军. 河流生态系统评价指标体系研究[M]. 长春:吉林科学技术出版社,2010.

[30] 李作良,邢岩,吕彪,等. 基于DPSIR模型的内河航道工程关键生态指标体系研究[J]中国水运,2020,20(9):18-20.

[31] 危起伟,吴金明. 长江上游珍稀特有鱼类国家级自然保护区鱼类图集[M]. 北京:科学出版社,2015.

［32］顾孝连. 长江口中华鲟（Acipenser sinensis Gray）幼鱼实验行为生态学研究［D］. 上海：上海海洋大学, 2007.

［33］危起伟. 中华鲟繁殖行为生态学与资源评估［D］. 武汉：中国科学院水生生物研究所, 2003.

索 引

L

绿色航道　green channel ·· 2

Q

浅水栖息地　shallow water habitat ·· 78

S

生态航道　ecological waterway ·· 2
生态效应　ecological efficiency ·· 48
适宜度　suitability degree ·· 79

Z

指标体系　indicator system ·· 5